T0279271

DISCIPLINA
Positiva

Diana Jiménez

DISCIPLINA
Positiva

Cómo criar niños seguros,
responsables y capaces

Grijalbo

Primera edición: marzo de 2024

© 2024, Diana Jiménez
© 2024, Penguin Random House Grupo Editorial, S.A.U.
Travessera de Gràcia, 47-49. 08021 Barcelona

Printed in Spain – Impreso en España

ISBN: 978-84-253-6514-0
Depósito legal: B-764-2024

Compuesto en Fotocomposición gama, sl

Impreso en Gómez Aparicio, S. L.
Casarrubuelos (Madrid)

GR 6 5 1 4 0

A mis hijos, Hugo, Alonso y Rubén.
Mis maestros y mi motor diario.
A mi marido Rafa,
por su entrega, apoyo incondicional, su gran
corazón y por escribir un capítulo del libro.
A mi hermana Marina,
sin ella mi vida no sería la misma. Te quiero infinito.
Tengo mucha suerte de tenerte en mi vida.

Índice

Prólogo
de Mariana Capurro

A la hora de establecer una crianza efectiva con nuestros hijos (entendiéndose por «efectiva» una crianza respetuosa y amorosa que potencia la autonomía y la autoestima, y que busca el camino para que desarrollen sus mejores habilidades), es imprescindible tener en cuenta muchísimos aspectos. La gran mayoría de ellos los podemos aprender leyendo manuales, trabajando en nosotros mismos mediante la ayuda de profesionales y poniendo en práctica un cierto grado de humildad que nos permita asumir los aciertos y los errores como parte del proceso de aprendizaje.

Permitidme un apunte antes de continuar. En este discurso, siempre es importante no perder la perspectiva y entender desde la tranquilidad que nuestros hijos nos querrán y nos aceptarán incondicionalmente, aunque seamos imperfectos. Ellos tienen esa virtud de la que a veces nosotros carecemos.

Retomando el tema principal, hay un aspecto, a mi modo de ver, relevante y muy difícil de conseguir en la crianza al que, por mucho que nos enseñen y por mucho que intentemos trabajarlo, no siempre dedicamos la atención que se merece: **construir una red**.

Sí. Hay que construir una red que te acompañe en el crecimiento de tus hijos, que represente un sostén firme, que te permita tener la seguridad de que no estás solo, que te arrope cuando sientes que no puedes más, por mucho que la mirada tierna y confiada de tus hijos lo desmienta siempre. Que te permita disfrutar de esos ratitos que se dan muy de vez en cuando para poder cuidar de ti mismo. Que te dé la tranquilidad de saber que, si un día tienes fiebre y no puedes levantarte de la cama, podrás quedarte en ella, en lugar de seguir adelante con todo, como solemos hacer casi siempre. Que te brinde la oportunidad de hablar y de compartir las situaciones que te han ayudado y también las que no te han servido.

¡Qué importante es la red, ¿verdad?!

Pues Diana es mi red.

Recuerdo exactamente la fecha en la que contacté con ella: el 8 de enero de 2021. Por ese entonces, yo empezaba mi andadura por este tremendo y particular mundo de las redes sociales. Aunque tan solo tenía un 30 por ciento de los seguidores que Diana acumulaba, se me ocurrió escribirle un mensaje pensando que me haría poco o ningún caso. Pero no fue así, y no solo lo leyó, sino que además aceptó que hiciéramos juntas un directo. En ese preciso momento empezamos a tejer una red cuyos frutos iban a sorprendernos al cabo del tiempo.

Para explicar la necesidad y la importancia de esta red de la que os hablo, dejadme que os cuente una experiencia personal. Resulta que la persona (mi tía) que se tenía que encargar del cuidado de mis tres hijos el día de la conexión con Diana sufrió un amago de infarto unos días antes. Afortunadamente, mi tía se fue recuperando, y mi máxima preocupación volvió a ser no perderme el directo en Instagram con Diana para hablar sobre crianza.

Tenía a toda la familia revolucionada (mi red) para ayudarme a hacer esa conexión. A mi tía le dieron el alta el mismo día de la conexión, por la mañana, y no dudó en decirme que dejara a los peques a su cuidado durante los cuarenta minutos que iba a durar la charla. Por nada del mundo quería que yo perdiera la oportunidad de conectarme. Y así fue; mis hijos estuvieron en casa de mi tía pintando dibujos con ella hasta que terminó la conexión.

El directo fue genial. Yo aparecí con una sonrisa de oreja a oreja, disfruté al máximo de ese ratito y nadie se enteró de lo que habíamos tenido que sumar entre todos para que yo pudiera sentirme así.

Mi red me había dado el sostén necesario.

Construid, pues, vuestra red para no quedaros solos frente a la inmensidad que supone la maternidad/paternidad, solos frente a lo mucho que hay que aprender, frente a las miradas que juzgan, frente a nuestra propia culpa, que a menudo nos priva de poder disfrutar de la crianza. Construidla también para no quedaros solos ante las sombras de vuestra propia infancia, para que os sostengan y os vuelvan a impulsar hacia arriba en el preciso momento en que sintáis que estáis a punto de caer.

Gracias, Diana, por ser todo eso en mi vida.

Gracias, Diana, por ser mi red.

MARIANA CAPURRO
Psicóloga general sanitaria especializada
en niños y adolescentes

Prólogo
de Paola de la Cruz

En un mundo lleno de desafíos y cambios constantes, la importancia de criar, educar y acompañar a la infancia se vuelve más relevante que nunca. Debemos asumir la necesidad de llevar a cabo una reeducación de la sociedad para relegar las prácticas tradicionales de la rancia educación, aquellas que relacionan de manera directa el acto de educar con los castigos, las amenazas o las técnicas de manipulación basadas en el miedo y el mando adulto.

Para avanzar como sociedad, debemos hacer un cambio de mirada y establecer como norma el educar bonito. Este acompañamiento a la infancia se debe basar en el respeto, el apego, la pedagogía del abrazo, el silencio y la escucha. La idea es legar a la infancia un mundo adulto comprometido con el reconocimiento de las necesidades y los derechos de los niños y las niñas.

La crianza, el apego y la disciplina positiva son tres pilares fundamentales en la educación. Sin embargo, durante mucho tiempo ha prevalecido la idea de que el uso de castigos y amenazas era la forma adecuada de corregir ciertas conductas. La educación tradicional ha dejado huellas profundas en nuestra sociedad y ha generado un impacto negativo en la manera que tenemos de relacionarnos con los demás y de enfrentarnos a los desafíos de la vida.

Por ello nos encontramos ante la necesidad de replantearnos dicha visión y abrirnos a un enfoque educativo basado en el respeto, el desarrollo natural e individual y la disciplina positiva. La reeducación del mundo adulto se hace imprescindible si queremos construir un hoy y un futuro en el que los niños y las niñas crezcan en un entorno respetuoso, donde se sientan valorados, comprendidos y sentidos. Es nuestra responsabilidad como adultos, ya seamos padres, madres, educadores o miembros de la sociedad, asumir la educación como otro patrimonio social.

La disciplina positiva nos invita a desligarnos de las prácticas punitivas y a adoptar una perspectiva basada en el acompañamiento, pero sobre todo en el ejemplo. Es a través de este modelo de crianza respetuosa y consciente que podremos guiar a los niños hacia un desarrollo emocional saludable. La disciplina positiva no niega los límites, sino que los establece de manera clara, firme, empática y afectuosa, y fomenta en todo momento la autonomía y la responsabilidad consciente, sin prisas ni expectativas adultas.

No podemos olvidar que la educación de los niños y las niñas no solo recae en manos de los puntos de referencia o en los docentes, sino que es una tarea compartida por toda la comunidad. Todos hacemos humanidad. Cada adulto que interactúa con un niño tiene la oportunidad de dejar una huella positiva en su vida, ya sea un familiar, un vecino o un amigo. Todos podemos contribuir a su desarrollo, enriquecer su experiencia de vida y legar valores fundamentales.

Por ello, me gustaría expresar mi agradecimiento a Diana por invitarme a formar parte de este proyecto. Su entrega a los niños y a las familias es admirable, al igual que su compromiso con la educación y la cultura de la infancia. Con esta iniciativa, nos brinda la oportunidad de reflexionar sobre nuestro papel como adultos en la crianza y la educación, como dadores de cuidado a los niños de hoy y futuros responsables del mañana.

Guiar la infancia es una labor de vital importancia. La reeducación del mundo adulto es necesaria para desterrar las

prácticas educativas nocivas que hemos heredado y así construir un entorno en el que los niños puedan convertirse en personas adultas responsables y capaces de generar vínculos
sanos.

Asumamos la educación como un regalo para la vida de
ellos y ellas y basémosla en la crianza con amor.

Olvidémonos de la perfección y simplemente recordemos que lo más importante para iniciar un cambio en cualquier aspecto es recordar que no somos perfectos. La infancia pide del mundo adulto el respeto a su individualidad, el
derecho a sus tiempos y el reconocimiento a su belleza im-
perfecta. Recordad, no hay mejor herencia que educar y
amar.

PAOLA DE LA CRUZ
Maestra especializada en pedagogía terapéutica y activista
por el respeto y los derechos de la infancia

Introducción

Qué difícil es ser padre o madre hoy.

Nos parecía que todo era tan fácil antes... ¿Cómo es posible que con todo lo que ha progresado la sociedad y con la gran cantidad de información que tenemos a nuestro alcance, en vez de avanzar, vayamos hacia atrás como los cangrejos?

Que si los jóvenes ahora son unos maleducados, y no respetan a nadie; que si los niños son egoístas y materialistas, y no valoran nada, ni tienen paciencia; que si estamos criando ge-

neraciones de cristal y no se les puede decir nada ni se les puede corregir..., y encima a todo esto tenemos que sumarle el sentimiento de culpa tan grande que nos invade a los padres.

¿Por qué es todo tan complicado? ¿Por qué nadie nos
ayuda a ser padres? Es muy fácil escuchar en la tele o en Instagram o leer en las noticias quejas y frases como «Los padres
de hoy no saben educar, y los niños se convierten en pequeños
tiranos». Esto hace muy difícil encontrar, por un lado, prevención para no llegar a esa situación y, por otro, soluciones, para
que, en caso de haber llegado, procurar que no vaya a más y
podamos encauzarla. En definitiva, todo eso está muy bien,
pero ¿ahora qué hacemos con esta información? Dejemos de
decirles a los padres lo que hacen mal (que la mayoría ya lo
sabe) y démosles las herramientas, las estrategias y los recursos que necesitan para hacerlo bien.

Y ese es el objetivo de este libro. Te voy a hablar de cómo
la disciplina positiva puede ayudarte a mejorar la vida familiar
y, si me dejas, incluso las relaciones interpersonales en general, en cualquier otro ámbito fuera de tu hogar (amistades, trabajo, etcétera).

En los primeros capítulos descubrirás qué es la disciplina
positiva, cuáles son sus fundamentos, sus principios y sus orígenes para que entiendas de dónde viene todo. Más adelante, comenzaremos a construir la casa de la disciplina positiva
para que puedas empezar a implementar sus bondades en tu
hogar. A partir de ahí, necesitaremos profundizar en el comportamiento infantil, porque muchas veces nos quedamos en

la conducta y perdemos de vista qué motiva a nuestros hijos a hacer lo que hacen. ¿Te imaginas saber por qué tu hijo se comporta de una determinada manera? ¡La de situaciones complicadas que te ahorrarás! Y acabaremos el libro con herramientas prácticas que no solo te ayudarán a identificar el porqué, sino también el cómo. Por fin estaremos listos para aplicar la disciplina positiva y empezar a obtener resultados sorprendentes.

He dejado para el final un capítulo que también me parecía importante y en el que he recogido un día con disciplina positiva. Por supuesto, son solo pinceladas de algunas de las situaciones más habituales que nos encontramos hoy y que generan la creencia de no poder educar desde la disciplina positiva porque requieren de algo más específico. Es decir, cuando nos falta información concreta y, sobre todo, práctica, nos parece que educar con disciplina positiva, de manera respetuosa, es una utopía y está lejos de la realidad. Es como pensar: «Sí, los demás sí pueden porque para ellos es más fácil, pero no es mi caso». Sin embargo, en este libro te voy a dar las estrategias y los recursos para que tú también puedas aplicar la disciplina positiva.

Así que, ya sabes, no hay tiempo que perder. Tienes en tus manos la llave para cambiar; como dice el refrán: «Nada cambia si nada cambias». Ahora te toca disfrutar de la lectura, sacar todo su potencial y empezar a ponerla en práctica.

LO QUE ANTES FUNCIONABA...
o no

Que los tiempos han cambiado y que ya no podemos educar a nuestros hijos como hace cuarenta años es algo que ya nadie pone en duda. ¿O sí?

Aún tenemos muy presentes en nuestra memoria aquellos métodos educativos que hacían personas fuertes, seguras de sí mismas, galantes, apuestas, valientes... Pero hoy parece que los valores que se necesita son otros, unos que creen adultos resilientes, empáticos, seguros de sí mismos, respetuosos, afectuosos... Si lo piensas, nada que ver con lo que requería la sociedad de hace más de cuarenta años.

Sin embargo, pensemos en qué funcionaba antes —o al menos teníamos esa falsa ilusión— para darnos cuenta de por qué debemos relegarlo de nuestros métodos educativos si queremos de verdad desarrollar los nuevos valores que precisa el mundo actual. A continuación, te enumero unas cuantas tácticas educativas que seguro que has empleado alguna vez o que usaron contigo cuando eras pequeño.

Vamos a recordar...

SOBORNOS

«Si dejas de pegar a tu hermano, te dejo mi móvil».

«Venga, que, si hoy te portas bien, te dejo un ratito más de tele».

«Si tratas bien a tu hermano pequeño, te compro el juguete que querías».

«Si apruebas matemáticas, podrás ir al viaje de fin de curso».

La táctica del «si haces esto..., entonces esto otro...», que aparentemente funciona, siembra poco a poco en el

niño sentimientos de incapacidad y poca motivación por contribuir.

Cada vez que les decimos a nuestros hijos una frase que empieza por «si...», a su cerebro le llega el siguiente mensaje: «No confío en que seas capaz de hacerlo». «Si te portas bien» significa que no estamos seguros de que vaya a comportarse; «Si no te haces pis hoy» le da a entender que pensamos que puede controlarlo, pero que no lo hace porque no quiere. Cuando mandamos este tipo de mensajes a nuestros hijos, estamos poniendo su cerebro en modo alerta —«No me fío»—, y condicionamos su respuesta. Sin darnos cuenta, lo que hacemos es mantener el problema, en lugar de solucionarlo.

El esfuerzo que haga el niño no será continuo o mantenido en el tiempo, puesto que en todo momento le estamos ofreciendo algo a cambio, así que, en el momento en que no le compense lo que vaya a recibir, cesará el deseo de hacer lo correcto.

Este soborno también recibe los nombres de cohecho, coima, corrupción, untada o mordida.

¿Cuál es la forma adecuada, pues? Esta: «Cuando..., entonces», es decir, en vez de «Si recoges los juguetes, te dejo ver la tele», es mejor «Cuando hayas recogido los juguetes, podrás ver la tele». La palabra «cuando» es mágica.

«Si lo pruebas, cuéntamelo» o, mejor dicho, «Cuando lo hayas probado, cuéntamelo». ¿Notas la diferencia?

PREMIOS

«¡Papá, he aprobado mates! ¿Qué me vas a regalar?».

Dar premios o plantear sobornos son dos recursos educativos que a menudo se dan la mano. Con el soborno, tal como hemos explicado antes, le decimos al niño anticipadamente que si hace algo concreto recibirá un premio y, con la táctica del premio, le prometemos algo por un comportamiento que queremos que lleve a cabo.

Lo que logramos con esto es que los niños nos exijan algo a cambio de portarse bien, de estudiar, etcétera, e incluso puede llegar a pasar que se porten mal o no estudien lo suficiente para obtener lo que quieren. Puede que con este método educativo los niños acaben siendo muy hábiles negociando, pero harán uso de esa astucia para conseguir algo y no para hacer lo correcto. Derivará en más regateo, chantajes y demandas sin fin.

Un clásico es el de los nietos que van a ver a la abuela y, en vez de preguntar «¿Qué tal estás, abuela?», dicen: «¿Me has comprado algo?». Hay algunos abuelos no se atreven a visitar a sus nietos sin llevarles un regalo. Así que, recuerda, **los premios son la cara B de los castigos**, hace falta un adulto que decida si el niño merece el premio o el castigo, y anulan la contribución y la responsabilidad del niño.

Recomendación: es mejor dar un regalo como sorpresa, cuando los niños no esperan nada a cambio y no lo reclaman con exigencia.

AMENAZAS

«Tú pórtate mal,
y ya verás lo que va a pasar».

Esta es sin duda una de las herramientas educativas que más efectos negativos y contraproducentes tiene. Es el método del mafioso: ese padre o madre que recurre a la amenaza, que cuenta hasta diez o hasta tres o atemoriza a sus hijos dándoles a entender que lo que les espera si no obedecen es mucho peor de lo que imaginan... Cada vez que amenazamos a los niños, los estamos invitando a portarse peor y a hacer aquello que tratamos de prohibirles. Piensa por un momento cómo te sentirías si te dijera: «O empiezas a aplicar ya lo leído en este libro, o le digo a todo el mundo que eres un mal padre/madre y no quieres lo mejor para tus hijos...». ¿Con qué te quedas? ¿Cuál es el mensaje que resuena en tu cabeza? Mi intención era que mejoraras tus habilidades parentales, que aplicaras lo que has leído... Sin embargo, tú estarás pensando: «Sí, hombre, vas a venir tú a decirme si soy mala madre o mal padre... ¡Qué sabrás tú!». Es decir, desde luego con mi amenaza no voy a conseguir mi propósito de que apliques lo que te he explicado para que mejores tus métodos educativos... Lo que conseguiré será que te enfades conmigo, crear resentimiento, ira, frustración...y, quizá, también miedo, resignación... En cualquier caso, con esa amenaza no lograré mi objetivo inicial.

Esto mismo les pasa a nuestro hijo cuando lo amenazamos. Cuando le decimos: «Como vuelva a ver que te metes en el charco, te llevo a casa de una oreja...», no le hace falta oír esto último, con lo que se queda es con que, si se mete en el charco sin que su padre lo vea, todo solucionado. Cuando le decimos que recoja los juguetes porque, si no lo hace, irán a la basura..., puede que el niño se ponga a llorar, se paralice o empiece a portarse peor, aunque le repitamos una y otra vez: «¡Pero deja de llorar que, si los recoges, no te los tiro a la basura!». ¿Por qué ocurre eso? El niño no escucha toda la frase, solo se queda con lo de que vamos a tirarle los juguetes.

¿Y qué podemos hacer entonces? Recuerdo una escena en la que una amiga que acababa de tener un bebé le decía a su hijo de tres años: «Raúl, con la pistola de juguete aquí no, que puedes darle a tu hermano. No le apuntes a la cara que no me gusta». ¿Y sabes qué pasó cinco minutos después? Pues, efectivamente, Raúl disparó al bebé y mi amiga le quitó la pistola y le reiteró que no debía apuntar con ella a su hermanito. No hubo amenazas ni daño a la autoestima de Raúl, solo consecuencias: perdió el privilegio de tener el juguete hasta que fuera capaz de hacer un buen uso de él.

Si mi amiga hubiera recurrido a la amenaza —«Como te vuelva a ver apuntar a tu hermano, te quito la pistola y se la doy a otro niño»—, lo normal, a no ser que sea muy dócil, habría sido tener que volver a repetir la prohibición un par de veces más y que el desenlace fuera el que todo padre con niños pequeños ya puede imaginar... Se sentiría herido, desconectado de ti, desconfiaría de tu criterio, y la relación quedaría debilitada. **La amenaza nunca es una buena solución.**

CHANTAJES

«La policía se lleva a los niños malos
que no se portan bien».

Cuando hablamos del soborno, vimos casos en los que los padres o las madres ofrecemos un premio a nuestros hijos o les quitamos o les damos algo si hacen lo que queremos. Es decir, reciben alguna cosa a cambio de hacer algo. De alguna manera, corrompemos al niño al ofrecerle regalos o algún favor para obtener algo si lo cumple.

«Si nos vamos ya del parque, te compro un helado».

Con este chantaje, lo que hacemos es amenazar al niño para obtener un beneficio de ello. Cuando le decimos que, si no hace algo que le pedimos o no guarda un secreto, nos enfadaremos o nos sentiremos muy tristes, hay manipulación de base, y lo que logramos es que los niños se sientan mal. En el fondo, es una manera de manipular emocionalmente a los niños. Forzamos su voluntad mediante amenazas.

«Si te portas mal, no te traerán nada los Reyes Magos».

Como ya te habrás dado cuenta, la línea entre el soborno, la amenaza y el chantaje es muy fina, pero con las tres técnicas lo único que conseguimos es que nuestro hijo acabe haciendo justo lo que queremos evitar: el niño no deja de portarse mal porque nos estamos quedando en la punta del iceberg, en su mala conducta, y no en la decisión o creencia que hay tras ella y que le ha llevado a portarse como lo ha hecho.

A continuación, te dejo a modo de resumen una tabla que ilustra todo lo visto hasta el momento. Espero que te ayude a diferenciar estos conceptos que se confunden con tanta facilidad.

CHANTAJE	Pedirle al niño que guarde un secreto que le hace sentir miedo o incomodidad y decirle que, si no lo hace, nos enfadaremos o nos sentiremos muy tristes.
AMENAZA	Decirle al niño que haga algo y que, si no lo hace, le haremos daño a él o a otras personas.
SOBORNO	Pedirle u ofrecerle alguna cosa al niño que sabemos que le gusta a cambio de que haga algo, aunque no quiera.

El chantaje emocional puede hacerse de muchas formas. Te muestro algunos ejemplos de cómo lo llevamos a cabo habitualmente en nuestra relación con los niños, dañando su autoestima y, también, el vínculo que nos une a ellos.

- Amenazar al niño con retirarle nuestro cariño o el de alguien que le importe: «A la abuela no le gustan los niños que no comen»; «Yo solo quiero a los niños que se portan bien».
- Asustarle con un hecho doloroso o traumático: «Si no te portas bien, llamo a la policía»; «Va a venir un señor y se te va a llevar».
- Asustarle con cosas que le dan miedo: «Ahí hay muchas arañas..., yo que tú no lo haría»; «Si no comes, te van a poner una inyección muy grande».
- Amenazarle con ridiculizarlo ante otros: «Le voy a decir a tu profe lo mal que te portas»; «Te van a llevar a la clase de los bebés».

Como en todo castigo, lo que provocamos en el niño con el chantaje es un daño a su autoestima y su confianza. Le haremos sentir culpable, inseguro, con vergüenza y humillado. Para evitar caer en este tipo de frases y situaciones, lo mejor es parar, darnos cuenta de en qué estado emocional nos encontramos y preguntarnos: «¿Esto que está ocurriendo tiene más que ver conmigo o con la conducta de mi hijo?». Respira, no digas nada de lo que luego te puedas arrepentir.

Enfócate en el mensaje que quieres transmitir, que es muy distintito a la emoción que tus palabras le pueden hacer sentir. ¿Quieres que no se repita la conducta o que tu hijo se sienta mal?

Una vez que cojamos aire y hayamos oxigenado nuestro cerebro, estaremos más preparados para seguir avanzando y profundizando.

SARCASMOS

«¿Estás sordo o te lo haces?».

Esta es otra herramienta habitual en la crianza y la educación desde hace muchos años. Yo diría que es algo innato al ser humano. El sarcasmo se refiere a aquellas situaciones en las que usamos el humor para hacer daño. Es una herramienta de dudoso valor educativo. Antes de los siete u ocho años, los niños no entienden el sarcasmo como lo hace un adulto, ya que aún no captan los dobles sentidos del lenguaje ni las burlas, por lo que debemos tener cuidado a la hora de comunicarnos con el menor.

Los niños pequeños tienden a entender las cosas de forma literal, sin atender a la entonación o a la expresión facial o los gestos de la persona que habla. Recordemos lo siguiente: **los niños son buenos observando, pero malos a la hora de interpretar**.

Para poder captar y entender el sarcasmo (y la ironía), se debe haber desarrollado la capacidad de entender las intenciones de los otros, lo que se conoce como «pragmática», para lograr explicar la conducta propia y la de otros y comprender el entorno social (el contexto). Como ya imaginarás, son demasiadas variables que tener en cuenta para niños de siete años.

Estas habilidades se van desarrollando poco a poco, así que antes de los seis años es difícil que un niño identifique las bromas, las mentiras o la ironía (de ahí que algunos reaccionen con enfado e incomprensión).

El sarcasmo es un tipo de ironía que se usa para poder decir lo que se piensa hiriendo o criticando a la otra persona, por lo que puede herir profundamente los sentimientos de los niños, ya que esconde una forma de burla y un tinte de humillación de los que un niño pequeño no sabe defenderse ni darles un lugar adecuado en el contexto de la situación.

> *«¡Cuántas veces te lo tengo que decir? ¿Es que estás sordo o eres tonto?».*

Comentarios como este hacen que los niños se sientan ridículos, incapaces o insignificantes, aunque también pueden tomárselo como una revancha, un contraataque o una venganza.

> *«¿Sí?, pues más tonto eres tú».*

A veces es una crítica indirecta, pero muchas otras, se expone de forma evidente:

- Ironía: «Dale más fuerte a la puerta, a ver si la haces giratoria».
- Sarcasmo: «Cuando hablas, da gusto escuchar las tonterías que dices».

IRONÍA	Busca decir lo contrario de lo que se dice. Burla fina y disimulada.
SARCASMO	Usa la ironía de forma mordaz; busca ridiculizar, insultar o humillar a la otra persona.

Sin embargo, un buen uso del sarcasmo o de la ironía puede dar como resultado la estimulación de la creatividad y generar ideas nuevas para la solución de un problema. Decía Oscar Wilde que el sarcasmo puede representar una forma inferior de ingenio, pero canaliza una forma superior del pensamiento.

¿Cómo podemos ayudar a nuestros hijos a entender la ironía y el sarcasmo?

Estas son algunas formas de lograrlo:

- Explicándoles cada una, su uso e intencionalidad. Todo esto adaptado a su edad.
- Aclarándoles la diferencia entre mentira, verdad, secreto, sorpresa...
- Enseñándoles la diferencia entre el humor sano y la burla.

- Haciendo juegos para explicar antónimos, sinónimos, lo opuesto y lo contrario. Por ejemplo, le decimos que se siente y tiene que levantarse; o le decimos que se siente y diga lo contrario que hayamos dicho.

Los niños con síndrome de Asperger tienen muchas dificultades para entender la ironía y el sarcasmo debido a que captan el lenguaje siempre en su sentido literal (hay una afectación de la comunicación tanto verbal como no verbal), mientras que los niños con altas capacidades suelen interpretar estos elementos del lenguaje precozmente e incluso pueden recurrir a la ironía o los dobles sentidos como manera de expresarse, con un humor ácido, haciendo que los adultos u otros niños tengan dificultades para entenderlos.

MENTIRAS
«No soporto que me mientas».

Una de las cosas que más preocupa a los padres es que sus hijos mientan. Dicen: «Cualquier cosa menos mentir», pero... ¿y si te contara que las mentiras son la pista de que hay un progreso cognitivo adecuado, y que lejos de preocuparte deberías respirar tranquilo?

Todos los niños mienten alguna vez y curiosamente cuando son pequeños recurren a la mentira de manera habitual y con muy poca astucia. «Yo no he tocado tu pintalabios», dice un pequeño con los labios y las mejillas pintadas en un tono carmesí. En torno a los dos años comienza a aparecer ese intento de engaño a los padres. Son mentiras sin importancia, que no nos deben alarmar y que no implican que vayan a convertirse en mentirosos compulsivos... A los cuatro años nos encontramos con casi un 50 por ciento de niños que utilizan la mentira y, a partir de los cinco o siete años, todos los niños han mentido alguna vez.

Hoy sabemos que las mentiras son un indicador de un sano desarrollo cerebral en los niños y que aquellos que son capaces de mentir han alcanzado una fase de desarrollo importante: han logrado una mayor capacidad en la función ejecutiva.

De esta forma, podemos entender el hecho de que un niño sea capaz de mentir como un logro en su desarrollo. La mentira requiere de dos procesos: por un lado, que el niño comprenda que lo que hay en la mente de la otra persona es diferente a lo que hay en la suya (cuando los niños son pequeños, creen que los adultos podemos leerles la mente), esto se conoce como la teoría de la mente; y, por otro, tener desarrollada la capacidad de inhibir el impulso de decir la verdad, aquello que sabe, y convertirlo en mentira (cuando los niños son pequeños, es habitual que lo cuenten todo, incluso cuando les decimos que no lo hagan, porque aún no tienen desarrollada esa capacidad).

Sin embargo, quería hablarte de la mentira y su dudoso valor educativo, ya que muchas veces los padres, en vez de solucionar el problema, lo que hacemos es favorecer que el niño siga mintiendo. Es decir, ¿cuántas veces has hecho una pregunta a tu hijo y has obtenido una «mentira provocada»?

Por ejemplo, cuando somos conscientes de que se ha comido la última onza de chocolate y lo pillamos limpiándose la cara le preguntamos: «¿Tú sabes quién se ha comido el chocolate?» y la respuesta que obtenemos es un «No sé, yo no».

Con esto, lo que logramos es una mentira defensiva. El niño utiliza la mentira para evitar alguna consecuencia que evalúa como peor que mentir. Es una pregunta trampa que fuerza a nuestro hijo a escoger entre una mentira torpe o decir una verdad incómoda.

A veces, los niños mienten porque, en el fondo, y aunque nos parezca irónico, no les estamos permitiendo decir la verdad.

Aquí va otro ejemplo:

—Odio a mi hermana.

—Ay, no, no la odias, tú la quieres mucho. No digas esas cosas, son feas y me ponen muy triste, y tu hermana se puede sentir muy mal si te oye. Eso solo lo dicen los niños malos. Y tú no eres un niño malo, ¿verdad?

Cómo combatir la mentira

Si queremos que nuestros hijos sean honestos, debemos prepararnos para escuchar sus sentimientos y permitirles que los expresen, aunque sean verdades amargas o desagradables. Con la reacción que mostremos a la expresión de sus emociones, nuestros hijos aprenden si es mejor ser sinceros o recurrir a una mentira piadosa

Lo ideal en estos casos es ir con aquello que estamos reclamando a nuestros hijos: la verdad. «Veo que has usado mi pintalabios. Me gustaría que me lo pidieras la próxima vez y, si quieres, lo usamos juntos, ¿te parece?». De esta manera, nuestro hijo puede aprender varias cosas:

- Que entendemos cómo se siente.
- Que puede contarnos lo que sea.
- Que debe preguntar.
- Que puede hacerlo con nosotros y no a escondidas.
- Que debe ser cuidadoso con las cosas de los demás.

A veces, la mentira es el instrumento que usan los niños para mostrarnos una realidad o un deseo que se concede en la fantasía. «En el cole me han regalado una muñeca nueva».

En lugar de rebatir la mentira, podemos aprovechar para indagar en ese deseo.

No se trata de permitirle al niño que mienta, pero sí de dar a la mentira el lugar que le corresponde, sin impresionarnos, sin enfadarnos, entendiendo el desarrollo cerebral de nuestro hijo, sus deseos e interpretaciones.

Como adultos, muchas veces recurrimos a las mentiras piadosas porque consideramos que son mejores que contar una verdad cargada de explicaciones difíciles para ellos o una realidad para la que a lo mejor nosotros tampoco estamos preparados. Afrontar la verdad no es fácil cuando no se nos ha preparado para ello. Venimos de una educación en la que era fácil ocultar lo evidente, en la que era mejor no preguntar y en la que no se nos daban explicaciones. La verdad era un lujo al alcance de unos pocos. Y la ausencia de verdad, de información, nos lleva a imaginar para completar ese vacío... Y esto, en la mayoría de los casos, se rellenaba con la mentira. Te dejo algunas mentiras piadosas que son graciosas, o no tanto, cuando las usamos los adultos, para que el día de mañana, cuando tu hijo recurra a ellas, recuerdes lo que te divertía emplearlas:

- «Cariño, hay que irse ya a dormir que el sol tiene mucho sueño».
- «Pórtate bien, hijo, que ya sabes que mamá lo sabe todo». Y para que no dude de ello, le dices que sabes lo que comió y con quién jugó.
- «Este espray sirve para que los monstruos no entren en la habitación, los ahuyenta».
- «Cuando mientes, te sale un punto rojo en la frente». Y tu hijo se tapa la frente cada vez que miente para que no veas su punto rojo.

- «Los Reyes Magos no le traen regalos a los niños que se portan mal».
- «Si no te lavas los dientes, se te caerán».
- «La tele de casa solo funciona cuando llueve». Y el niño solo puede verla cuando hace mal tiempo y no podéis salir de casa.
- «Si no vienes ya, me voy y te quedas ahí solito..., y cuidado con el hombre del saco».

Si lo piensas, todas esas mentiras tienen algo de verdad, y esto hace que creamos que no es tan malo usarlas, pero, eso sí, porque nosotros somos adultos, los niños no. Ya me entiendes...

DISCIPLINA
positiva

LOS ORÍGENES DE LA DISCIPLINA POSITIVA

El modelo educativo de la disciplina positiva tiene sus orígenes en la psicología de Alfred Adler y su discípulo Rudolf Dreikurs, psiquiatras austriacos del siglo xx que desarrollaron su teoría sobre el comportamiento humano y la importancia del sentido de pertenencia y la autoestima en el desarrollo infantil.

La teoría de la psicología individual de Adler se basa en la idea de que cada individuo tiene el poder de dar forma a su propia vida y tomar decisiones conscientes. Adler enfatizó la importancia de establecer una conexión emocional sólida con los niños y fomentar su autonomía, alentando a los padres a ser guías respetuosos en lugar de imponer su autoridad.

Rudolf Dreikurs desarrolló estas ideas centrándose en la importancia de entender el comportamiento infantil como una forma de comunicación y promovió el concepto de la «conexión» como base para una disciplina efectiva, el sentimiento de sentirse conectado a la otra persona. Añadió también el concepto de «metas erróneas» con la finalidad de entender las motivaciones que hay tras los comportamientos desafiantes de los niños y de ofrecer estrategias para abordarlos de forma positiva y respetuosa.

El desarrollo moderno de la disciplina positiva nace de la mano de Jane Nelsen, psicóloga y educadora estadounidense, defensora incansable de la crianza respetuosa y figura que popularizó la disciplina positiva a través de sus libros y talleres.

Su enfoque se basa en el respeto mutuo, la cooperación y la enseñanza de habilidades sociales y emocionales a los niños, enfatizando la importancia de establecer límites claros y consistentes, al mismo tiempo que se fomenta la responsabilidad y la autodisciplina.

Es en la década de 1990, cuando Jane Nelsen y Lynn Lott escribieron el primer manual de disciplina positiva, *Cómo educar con firmeza y cariño*, se encargaron de sistematizar el modelo de Adler y Dreikurs adaptado a las necesidades y vivencias de las comunidades actuales y de darle la difusión que merecía. Con la experiencia de dos décadas tratando con familias en pequeños talleres en centros de enseñanza y tomando nota de aquello que veían que funcionaba y lo que no, concentran toda esa experiencia para enseñar los conceptos de disciplina positiva a padres y a maestros con manuales sencillos y muy prácticos.

En palabras de la propia doctora Jane Nelsen (*Cómo educar con firmeza y cariño. Disciplina positiva*, Ediciones Medici, 2007):

En 1969 me sentía como un fracaso de madre. Era tan autoritaria que no me soportaba ni a mí misma, y luego pasaba a ser tan permisiva que no podía soportar a mis hijos. En mi último año de carrera en Desarrollo Infantil, me sentía muy desalentada con los ideales que se tenía tanto para los niños como para los padres y me inscribí en una clase dictada por el doctor Hugh Allred, quien nos explicó que no aprenderíamos un sinfín de teorías, sino solo una, la psicología adleriana, que incluía métodos prácticos para ayudar a los niños a aprender autodisciplina, responsabilidad, cooperación y habilidades de resolución de problemas.

Me sentí esperanzada con esta posibilidad, y fue mucho más grato encontrar que los métodos de Adler y Dreikurs eran efectivos, a pesar de mis dudas y mis «peros».

Estaba tan emocionada con los resultados que necesitaba compartirlo con otros, liderando grupos de estudio para ello.

Me convertí en la directora del proyecto ACCEPT (Adlerian Counseling Concepts for Encouraging Parents and Teachers), financiado por el Gobierno federal, cuyo objetivo era demostrar que los niños mejorarían su comportamiento en cuanto los padres y maestros aprendieran formas más efectivas de trabajar con ellos en el hogar y en el aula, asistiendo a los grupos de estudio adlerianos. Los resultados mostrando una mejora de comportamiento motivó que siguieran financiándonos tres años más para enseñar cómo adaptar el programa.

LOS PRECURSORES

Los precursores de la disciplina positiva han sentado las bases para un enfoque educativo centrado en el respeto mutuo, la conexión emocional y el fortalecimiento de las habilidades sociales y emocionales de los niños.

Su trabajo ha contribuido significativamente a promover una crianza más amorosa y efectiva, brindando herramientas valiosas a padres y educadores para criar a los niños de manera positiva.

Alfred Adler

Alfred Adler fue un psicólogo y médico austriaco nacido en 1870. Comenzó su carrera como oftalmólogo, pero pronto se interesó por la psicología. En 1902, junto con Sigmund Freud y otros colegas, fundó la Sociedad Psicoanalítica Vienesa. Sin embargo, Adler se separó de Freud y desarrolló su propia teoría: la psicología individual.

Creía que los sentimientos de inferioridad eran una parte natural de la vida humana y que las personas buscaban constantemente el poder y la superación personal para compensarlos. También destacaba la importancia de la conexión entre el individuo y su entorno social.

La psicología individual está basada en la idea de que las personas somos seres sociales y buscamos encontrar nuestro lugar en la sociedad. Se centra en comprender cómo los sentimientos de inferioridad y la búsqueda de poder y superación personal influyen en el comportamiento y el bienestar psicológico.

En cuanto a la conexión entre el individuo y su entorno social, se refiere a cómo las relaciones y las experiencias con otras personas influyen en la vida y el bienestar psicológico del individuo, y a que la conexión con los demás es fundamental para lograr una vida satisfactoria y equilibrada. Las relaciones sociales pueden tener un impacto tanto positivo como negativo en la salud mental de una persona, por lo que es importante prestar atención a estas conexiones y buscar relaciones saludables.

Entre los logros más destacados de Adler, se encuentran la creación de la Sociedad Internacional para la Psicología Individual y Social en 1912, así como la publicación de varios libros importantes, como *El sentido de la vida* y *El carácter neurótico*.

El legado de Adler es muy significativo en el campo de la psicología. Su teoría ha influido en otras corrientes importantes, como la terapia cognitiva conductual y la racional emotiva conductual. Además, su énfasis en el poder personal y la conexión social ha llevado a un mayor reconocimiento de la importancia del bienestar emocional en general.

De hecho, desde hace años, el «bienestar emocional», que era un término poco comercial, se cambió por el de felicidad. Por eso, últimamente todo lo que encontramos en librerías, en documentales y recomendaciones va dirigido a alcanzar la felicidad. Este término más corto y que nos suena mejor lo usamos para referirnos al bienestar emocional, algo, por otro lado, más complejo. Según la Organización Mundial de la Salud (OMS), el bienestar emocional es «un estado de ánimo en el cual la persona se da cuenta de sus propias aptitudes, puede afrontar las presiones normales de la vida, trabajar productivamente y contribuir a la comunidad».

Y la felicidad es el estado emocional que viene a dar cuenta de ese bienestar emocional.

Para Adler, las personas se mueven en tres ámbitos: el amor, las relaciones y el trabajo. Estas tres tareas de la vida nos darán pistas sobre cómo es tu bienestar emocional.

Rudolf Dreikurs

Rudolf Dreikurs fue un psiquiatra y psicólogo austriaco nacido en 1897, conocido por su trabajo en el campo de la psiquiatría infantil y la terapia familiar.

Dreikurs comenzó su carrera en Viena, trabajando con niños cuyas vidas se habían visto afectadas por la Primera Guerra Mundial. Luego se mudó a Chicago, donde enseñó en la Escuela de Medicina de la Universidad Loyola y fundó el Instituto de Educación Adleriana.

Una de las principales contribuciones de Dreikurs fue su desarrollo del enfoque adleriano de la psicología, que se basa en las teorías de Alfred Adler. Publicó además varios libros importantes, como *Psichology in the Classroom* y *Discipline without Tears*, para resolución de conflictos en el aula, y *Children: The Challenge*. También fundó la Sociedad Norteamericana de Psicología Adleriana y fue presidente de la Asociación Internacional de Psicología Individual.

El trabajo de Dreikurs ha influido en el desarrollo de la terapia; además, su forma de analizar las habilidades sociales y la disciplina positiva ha otorgado un mayor reconocimiento a estos aspectos en la educación infantil. Draikurs desarrolló un método práctico (educación democrática) para comprender los objetivos erróneos a los que se dirigían los comportamientos de los niños, poniendo el énfasis en las conductas cooperativas sin hacer uso de castigos o premios.

Jane Nelsen

Es conocida por ser la creadora del enfoque de la disciplina positiva. A lo largo de su vida, ha ido dejando un legado inspirador en el campo de la crianza y la educación.

Psicóloga y educadora, ha dedicado su carrera a promover un estilo de crianza basado en el respeto mutuo, la empatía y la cooperación. Su enfoque de la disciplina positiva se ha convertido en una herramienta de valor incalculable para padres, maestros y profesionales que buscan fomentar el crecimiento y el desarrollo saludable de los niños.

Entre sus logros más destacados, se encuentra la publicación del libro *Disciplina positiva: La guía clásica para ayudar a los niños a desarrollar autodisciplina, responsabilidad, cooperación y habilidades para resolver problemas*. Esta obra se ha convertido en una referencia fundamental para aquellos que desean aprender y aplicar los principios de la disciplina positiva.

Nos ha dado herramientas prácticas y efectivas para criar a los niños de manera respetuosa, fomentando su autonomía y capacidad para resolver conflictos. Su trabajo ha influido positivamente en innumerables familias alrededor del mundo, ayudándolas a construir relaciones sólidas y equilibradas con sus hijos.

En resumen, Jane Nelsen es una pionera en el campo de la crianza y la educación, cuyo enfoque de la disciplina positiva es toda una inspiración para promover relaciones saludables y respetuosas entre padres, maestros y niños.

Lynn Lott

Es una figura destacada en el ámbito de la disciplina positiva y la resolución de conflictos. Sus estudios se han centrado especialmente en la forma en que entendemos y abordamos los desafíos en las relaciones humanas.

Lott, también psicóloga y educadora, ha trabajado de forma incansable para difundir los principios de esta disciplina, colaborando estrechamente con Jane Nelsen y contribuyendo al desarrollo y la expansión de este enfoque. Su experiencia y conocimientos profundos en el campo de la educación y la divulgación le han permitido capacitar y asesorar a padres, maestros y profesionales de todo el mundo.

Es coautora del libro *Disciplina positiva en el aula*, que ha sido ampliamente utilizado como recurso fundamental por maestros que buscan implementar estrategias efectivas de gestión del aula y promover un ambiente de aprendizaje positivo.

El legado de Lynn Lott se encuentra en su capacidad para enseñar a las personas a resolver conflictos de manera constructiva, fomentando el respeto mutuo, la comunicación efectiva y la colaboración. Sus contribuciones han ayudado a transformar las relaciones interpersonales y a empoderar a individuos de todas las edades para desarrollar habilidades a la hora de resolver problemas y construir conexiones significativas.

Su trabajo ha dejado un legado duradero al promover relaciones saludables y constructivas desde el aula hasta el entorno familiar y laboral.

DISCIPLINA POSITIVA HOY Y SUS HITOS DE APLICACIÓN

Actualmente, la disciplina positiva está presente en setenta países y más de novecientos educadores —en su mayoría mujeres— están sembrando las semillas de este modelo educativo tan beneficioso.

Puedes acercarte a la disciplina positiva como madre, padre o educador con idea de implementarla en tu hogar o en tu aula, o dar un paso más y convertirte en facilitador de disciplina positiva para ser tú, tras integrar los principios de esta filosofía de vida, el profesional que forme al conjunto de educadores y que divulgue estos conocimientos.

Hoy comienza a haber una evaluación o estudio formal que compara las escuelas que emplean la filosofía de la disciplina positiva con aquellas que siguen otros programas. Desde hace un tiempo, la disciplina positiva ha ganado popularidad en muchas escuelas debido a su enfoque basado en el respeto mutuo y la conexión emocional entre maestros y estudiantes. En España llegó hace apenas once años, pero lleva más de cuarenta décadas implantándose en el resto del mundo en colegios y centros educativos.

Este método se centra en enseñar habilidades sociales, emocionales y de resolución de problemas a través de técnicas no punitivas o de castigo. A medida que los educadores han comprendido la importancia de promover un entorno de aprendizaje positivo, han adoptado la disciplina positiva como una alternativa efectiva a los métodos tradicionales educacionales.

Hitos de aplicación de la disciplina positiva

Son muchas las ventajas que se derivan de la aplicación de esta disciplina, pero las más destacadas serían estas cinco:

1. **Fomento de la autorregulación**

   La disciplina positiva ayuda a los estudiantes a desarrollar habilidades para regular sus emociones y comportamientos, lo que les permite tomar decisiones conscientes y responsables.

2. **Fortalecimiento del sentido de pertenencia**

   Al utilizar estrategias que promueven la inclusión y el respeto mutuo, la disciplina positiva ayuda a crear un sentido de pertenencia en el aula, lo que mejora el clima escolar y fomenta un ambiente propicio para el aprendizaje.

3. **Enseñanza de habilidades sociales**

   Esta corriente se enfoca en enseñar habilidades sociales como la empatía, la comunicación efectiva y la resolución pacífica de conflictos. Estas competencias son fundamentales para el desarrollo personal y las relaciones saludables.

4. **Promoción de la autoestima y la confianza**

   Con métodos que se centran en el aliento y el reconocimiento del esfuerzo, la disciplina positiva contribuye al desarrollo de una autoestima saludable y una mayor confianza en las habilidades de los estudiantes.

5. **Reducción de comportamientos problemáticos**

   Dado que se abordan las necesidades emocionales y sociales de los estudiantes, ayuda a prevenir y reducir comportamientos problemáticos, promoviendo un ambiente más armonioso e ideal para el aprendizaje.

Estudios que respaldan los beneficios de la disciplina positiva

A continuación, quiero compartir algunos de los estudios que más luz brindan acerca de los efectos beneficiosos que resultan al aplicar la disciplina positiva en el aula. Son varios y existen muchos más que conforman una base científica que certifica los resultados.

Un estudio que consistía en implementar durante cuatro años las reuniones de clase en una escuela de primaria de bajos ingresos de Sacramento mostró que las expulsiones/suspensiones disminuyeron (de 64 a 4 anuales), el vandalismo disminuyó (de 24 episodios a 2) y los maestros informaron de mejoras en el ambiente del aula, el comportamiento, las actitudes y el rendimiento académico (Platt, 1979).

Otra investigación de programas de educación dirigidos a padres y maestros de estudiantes con comportamiento inadecuado que implementaron herramientas de disciplina positiva mostró una mejora estadísticamente significativa en el comportamiento de los estudiantes en las escuelas del programa en comparación con otras de control (Nelsen, 1979).

Otros estudios más pequeños que examinan los impactos de herramientas específicas de disciplina positiva también han mostrado resultados positivos (Browning, 2000; Potter, 1999; Esquivel). Incluso cuando la intervención de la disciplina positiva fue limitada en cuanto a duración y a recursos, los cambios y beneficios fueron significativos. Hay muchos estudios publicados sobre educación, de padres, a través de juegos de rol, sobre cómo cambiar las prácticas de crianza que respaldan este modelo de enseñanza. De hecho, se ha demostrado que los grupos son más efectivos que la instrucción individualizada (Goodson, *et al.*, 2001).

Otros estudios demuestran repetidamente que la percepción que tiene un alumno de ser parte de la comunidad escolar o, dicho de otro modo, el hecho de estar conectado con la escuela disminuye la incidencia de comportamiento socialmente nocivo (angustia emocional y pensamientos y/o intentos suicidas, consumo de drogas y alcohol, violencia) y aumenta el rendimiento académico (Resnick, *et al.*, 1997; Battistich, *et al.*, 1999).

También hay una evidencia significativa de que enseñar habilidades sociales a los estudiantes más jóvenes tiene un efecto protector que dura hasta la adolescencia. Los estudiantes a los que se les han enseñado habilidades sociales tienen más probabilidades de tener éxito en la escuela y menos de involucrarse en comportamientos problemáticos (Battistich, 1999).

La disciplina positiva enseña a los padres las habilidades para ser amables y firmes al mismo tiempo. Numerosos estudios demuestran que los adolescentes que perciben a sus padres como amables (receptivos) y firmes (exigentes) tienen un menor riesgo de consumir alcohol, drogas o ser violentos, y tienen un inicio más tardío de la actividad sexual (Aquilino, *et al.*, 2001). Por último, otros estudios han correlacionado la percepción del adolescente sobre el estilo de crianza (amable y firme frente a autocrático o permisivo) con un mejor rendimiento académico (Cohen, *et al.*, 1997).

PRINCIPIOS DE LA DISCIPLINA positiva

Ya vimos en el capítulo anterior que la disciplina positiva no solo no es una moda, sino que tiene un largo recorrido en el que se ha ido modelando y adaptando a la sociedad, a los avances de la educación, la neurociencia... Esto hace que sea una disciplina viva y que sea útil para cualquier familia y circunstancia.

Aun siendo difícil resumir en pocas palabras en qué consiste esta filosofía de vida, sí podemos extraer de ella cinco principios esenciales que además son la base para que realmente sintamos que funciona y da buenos resultados.

Antes de profundizar en ellos, quiero mencionar los nueve fundamentos de los que hablan los estudiosos de Adler:

1. Sentimiento de comunidad.
2. Todo comportamiento busca pertenencia y contribución.
3. Relaciones horizontales y de respeto mutuo.
4. Lógica privada.
5. Educación a largo plazo.
6. El aliento como base.
7. Amable y firme a la vez.
8. Enfoque en soluciones.
9. Errores como oportunidades de aprendizaje.

Fue Jane Nelsen quien los reagrupó y se quedó con cinco esenciales:

1. Incrementa el sentido de pertenencia y contribución con respeto mutuo.
2. Es efectiva a largo plazo.
3. Amable y firme al mismo tiempo.
4. Enseña habilidades de vida.
5. Ayuda a los niños a sentir que son capaces.

Veamos en detalle cada uno de ellos para poder tener los cimientos de nuestra casa de disciplina positiva. Si queremos aplicarla en nuestro hogar o en el aula o incluso en el centro de trabajo, debemos tener muy bien integrados estos cinco principios (te animo a que los leas con detenimiento y después te imprimas el listado y lo tengas en un sitio visible hasta que los hayas interiorizado).

Aunque no lo parezca a simple vista, algo tan sencillo es la clave para que la disciplina positiva te sirva en la crianza y educación de tus hijos.

¿Sientes que no funciona? Entonces revisa si no se está cumpliendo alguno de estos principios. Vamos allá.

PERTENECER Y CONTRIBUIR

Desde que nacemos, los seres humanos buscamos la manera de hacernos un hueco en esta vida. Si observamos a un niño, nos damos cuenta de que, desde bien pequeño, intenta hacer lo posible por sentirse parte de su grupo (familia, amigos...) y sobre todo por contribuir. ¿Qué puede aportar? **Y es que todos necesitamos sentir que somos útiles y que tenemos algo que dar al mundo. Los niños también.**

Si tienes a un niño cerca o la ocasión de observarlo, te habrás dado cuenta de cómo está presente esta necesidad al poco tiempo de nacer. Nos miran con ojos curiosos, con deseo de explorar, de conocer, de aprender..., y es una misión de los adultos procurar el escenario correcto para que esto pueda ocurrir.

Fíjate qué diferente es crecer en un ambiente en el que a uno le digan: «Déjate de tonterías, que eres muy pequeño», «Pero tú..., ¡tú qué vas a saber, si no sabes nada, anda, calla!», «Deja de toquetearlo todo...», «¿Puedes callarte un ratito?», «Vete a jugar y no molestes». Imagina crecer en un mundo así. ¿Qué has sentido al escucharlo? Si fueras ese niño, ¿qué sentirías? Probablemente, que no eres importante, que no se te tiene en cuenta, que eres insuficiente, incapaz, molesto..., y si sintieras eso, ¿qué pensarías sobre ti? Que no vales, que no te ven, que quizá tienes que hacerte valer. ¿Cómo lo harías? Llamando la atención de manera equivocada. «Mírame, estate ocupado conmigo, eso que dices es verdad y voy a seguir portándome así: molesto, no me callo, digo tonterías...». O quizá pensarías: «Aquí no se me tiene en cuenta, tienen razón, no esperes nada de mí, no soy capaz». Y esto, en parte, es la muerte: sentir que no somos vistos es igual que morir de manera metafórica. El ser humano necesita que lo vean, lo reconozcan y lo tengan en cuenta.

Imagina un escenario en el que al niño se le dice: «No cojas eso, tú eres pequeño», «Ya lo hago yo que tú no puedes», «Esto es de mayores, ¡qué manía con querer hacerlo tú!», «Ni se te ocurra coger eso, tú quietecito»... ¿Qué podría pensar ese niño sobre sí mismo? ¿Y sobre los demás? ¿Y sobre el mundo?

Estas cuatro preguntas esenciales se las hacen los niños antes de los cinco años:

1. ¿Quién soy?
2. ¿Cómo son los demás?
3. ¿Cómo es el mundo?
4. ¿Qué debo hacer?

Y ahora seguramente te estés preguntando..., pero si el niño es pequeño, si tiene menos de cinco años..., ¿le dejamos hacer todo cuanto quiera para que experimente una sensación de pertenencia? ¿Aunque no pueda? Por ejemplo, imagina que un domingo vais a comer, has hecho cocido y estás preparando la mesa y tu hijo de tres años te dice: «Mami, yo llevo la olla»... Tú, obviamente, no le vas a dejar por dos motivos fundamentales: aún está caliente y se puede quemar y no tiene la fuerza suficiente para llevarla.

Entonces tienes dos opciones:

a) Crianza tradicional.
b) Crianza respetuosa (disciplina positiva).

Veamos cada una de ellas con detenimiento y observa con cuál sientes que el niño se sentirá integrado y válido y se cumplirá este primer principio esencial:

a) «¡Tú no puedes llevar la olla!, ¿adónde crees que vas? ¡Anda que ya le vale al niño! Se piensa que puede con esto. No, tú no puedes, eres muy pequeño. Quita, que te vas a quemar. La olla la lleva mamá, que es grande. Tú, tiempo tendrás. Deja que la lleve, no te pongas delante. Pero ¿vas a llorar porque no te dejo? Mira que eres terco. Aunque se te expliquen las cosas no hay manera...».

b) «Cariño, necesito tu ayuda. Eres un gran ayudante. ¿Puedes llevar las servilletas y las cucharas? ¿Quieres llevar la olla? Eres pequeño todavía. ¿Qué te parece si yo la llevo y tú coges el cucharón? ¿Quieres poner el salvamanteles? Eres muy amable. Realmente, aprecio tu ayuda».

¿Qué resultados provocará cada una de las respuestas en el niño? Vuélvelas a leer si lo necesitas e imagina que eres un niño o una niña de apenas cuatro o cinco años. ¿Con qué frases sientes que tienes algo que aportar? ¿Que están esperando algo de ti? ¿Que eres importante y que puedes contribuir?

Es curioso, pero las frases del apartado *a)* nos salen de manera tan automática que hasta nos suenan bien, son graciosas..., sin embargo, cuando descubres cómo condicionan la personalidad, eres más consciente y haces un uso más moderado de ellas. ¡De eso precisamente trata este libro!

¿Te has dado cuenta de la clave de las frases del modelo *b)*? Es el uso del «todavía» o «aún». Palabras que aparentemente no tienen importancia, pero que, sin embargo, marcan la diferencia: «Sé que quieres ayudarme, pero todavía eres pequeño». Con estas palabras estamos transmitiendo confianza y proyección a futuro. Aún no puedes, pero todo llegará.

Si todavía te estás preguntando si esta segunda forma funcionaría con tu hijo («Uy, mi hijo seguiría insistiendo... Cuando se le mete algo en la cabeza..., no para»), sigamos avanzando por los principios de la disciplina positiva para encontrar la respuesta.

AMABILIDAD Y FIRMEZA

Es, sin duda, uno de los principios que más nos cuesta poner en práctica y mantenerlo en el tiempo.

¿Qué significa la firmeza amable? Comencemos por el principio. Como vimos anteriormente, hay quien piensa que la disciplina positiva es la ausencia de límites o de normas, pero nada más lejos de la realidad. Este principio así lo constata:

La firmeza son los límites, las normas, la estructura que todo niño necesita para saber lo que puede hacer dentro de los límites establecidos. Y la amabilidad es la forma en la que pongo esos límites.

¿Qué ocurre entonces? ¿Por qué es tan difícil para los padres ser firmes y amables al mismo tiempo? Porque no estamos entrenados para hacer las dos cosas a la vez.

Ser amables y firmes al mismo tiempo es como respirar: no podemos elegir inhalar o exhalar solo. Debe ser algo conjunto, unido, organizado.

Los padres, cuando se levantan por la mañana, no se proponen ser solo firmes y dar órdenes, haciendo a sus hijos sentirse mal (autoritarios). Lo normal es que, al levantarnos, seamos amables, complacientes, serviciales (permisivos).

Un ejemplo de ser amable sería: «Cariño, ya son las ocho, despierta para que no lleguemos tarde al cole». Quince minutos después ya sabes lo que viene...

Y un ejemplo de mostrarse firme podría ser este: «Juan, ¿no me oíste? ¿Cuántas veces más te tengo que llamar? Anoche bien que no te querías dormir y ahora no hay quien te levante. Ya verás esta noche cuando me pidas un cuento..., no va a haber ni cuento ni cuenta...».

Y, a los cinco minutos, dejamos de gritar y nos ponemos a hacer el desayuno, a ordenar la habitación o a vestirnos (porque no sé si te has fijado, pero solemos hacer varias cosas a la vez, menos la que toca en ese momento), y, al cabo de un rato, vuelta a empezar con la amabilidad: «Cariño, venga, no seas remolón, hijo, que ya llegamos tarde y yo tengo que trabajar...», para a continuación volver a subir el tono: «Hijo, todos los días lo mismo, yo ya no sé qué hacer contigo, de verdad que pongo de mi parte, pero hasta que no me ves enfadada...».

Pues bien, este baile de amabilidad, firmeza, amabilidad, firmeza, amabilidad... solo marea a los niños y hace que los adultos se sientan mal, con pensamientos como «Yo ya no puedo más». El problema es que el niño, si te fijas, está ajeno a todos estos cambios, idas y venidas de amabilidad o de firmeza. Solo está ahí como mero espectador y, al final, según el momento, elige si responde a la amabilidad o si lo hace a la firmeza.

¿Qué nos propone la disciplina positiva? Pues que, al igual que con la respiración, no elijamos entre una cosa u otra, sino que practiquemos **el maravilloso poder del «y»: AMABLE**

Y FIRME AL MISMO TIEMPO. «Cariño, son las ocho, vamos a levantarnos. ¿Te acuerdas de que dejamos el vaso preparado con las galletas? ¿Cuántas te vas a comer hoy? ¿Tienes hambre? Yo tengo el hambre de un dinosaurio... Uy, ¿sabes qué he soñado hoy...?». Todo ello sentada o sentado al lado de su cama mientras le acaricias el pelo o le das un besito.

Esto no te llevará más de dos minutos. Te va a permitir conectar con tu hijo, entrar en su mundo, estar relajado, sentirte presente y no amenazado por lo que pase.

Para poder actuar así, es necesario que, como adultos, nos hayamos organizado previamente, porque si a mí se me han pegado las sábanas, mis prisas no van a ayudar... A no ser que tenga tan bien ideada la rutina que cuando le diga a mi hijo: «Cariño, ¡que mamá se ha dormido!», él se levante de la cama de un salto y se ponga en marcha para que ambos lleguemos a tiempo. Recuerda, los niños quieren pertenecer y contribuir, sentir que tienen algo que aportar y que ellos también son de ayuda.

La amabilidad y la firmeza al mismo tiempo se escuchan así, como cooperación y pertenencia. El niño siente que es importante para la situación. Ser solo firmes o solo amables puede verse como autoritarismo (añadimos culpa, daño, vergüenza, resentimiento...) o como permisividad (generamos culpa, pena, tristeza, victimismo...). Del mismo modo, **ni la firmeza por sí sola ni la amabilidad sin límites crean el espacio y el ambiente idóneos de crianza.**

Como vimos antes, los niños crecen en un contexto de imprevisibilidad («A ver cómo se levanta hoy mi padre...»), y esto los deja totalmente expectantes y expuestos a tomar decisiones que, en algunos casos serán correctas y en otros no tanto. Una lotería que, en definitiva, nos desgasta a los padres también e impide que disfrutemos de la crianza.

En los próximos capítulos veremos cómo ser amables y firmes al mismo tiempo, y para ello explicaremos algunas de las herramientas fundamentales de la disciplina positiva: establecer rutinas, llegar a acuerdos, alentar, reuniones familiares, etcétera.

A LARGO PLAZO

¡Qué difícil es pensar a largo plazo hoy día! Lo más parecido que hacemos es vivir en el futuro. «Si ya es así ahora, esto va a ir a peor, y no voy a hacer carrera de él/ella». Estos mensajes subliminales se cuelan en nuestra crianza y hacen que no podamos ejercer la maternidad/paternidad con consciencia plena y disfrute.

Enfocarnos en el largo plazo supone relativizar, quitar hierro al asunto, no tener urgencia, saber que esto también va a pasar..., y desde ahí educar con la calma y la confianza de estar haciéndolo bien.

Siempre pregunto a los padres cuál es realmente la urgencia. No saben qué responder. Por un lado, les vienen a la cabeza muchos miedos: «Es que si no le digo ahora lo que tiene que hacer, ¿cuándo lo hago?», «Si no hace caso a esta edad, imagina dentro de unos años...».

Y así, en vez de ser padres actuamos como cirujanos que operan a corazón abierto. Y no, no somos ni bomberos ni cirujanos de urgencias. En crianza y educación, el mayor consejo que te puedo dar es: ¡fuera las prisas!

Como dice el refrán, sin prisa, pero sin pausa. Y cierto es.

Educar a corto plazo es muy diferente a hacerlo a largo plazo, tanto es así que Jane Nelsen hace esta comparativa de los dos enfoques con esta sencilla tabla:

CRIANZA A LARGO PLAZO	CRIANZA A CORTO PLAZO
Propósito: desarrollar adultos responsables con las capacidades necesarias para la vida.	**Resultado: adultos dependientes, rebeldes o que tratan de complacer a todos de forma insana.**
Poder. Los dos ganan.	Poder. El uno gana, el otro pierde.
Enfrentar la creencia detrás del comportamiento.	Enfrentar solo el comportamiento.
Permitir que se cometan errores.	Tratar de evitar errores.
Compartir y respetar diferentes ideas.	Insistir en una forma correcta.
Preparar/capacitar.	Proteger/controlar.

CRIANZA A LARGO PLAZO	CRIANZA A CORTO PLAZO
Actitud aceptadora/sin juzgar.	Condicional/juzgar.
Hacer con...	Hacerle a..., hacer por..., abandonar.
Consecuencias = naturales/lógicas (internas).	Consecuencias = castigo/premio (externas).
¿Qué sentirán mis hijos?/¿Qué opinión tendrán de sí mismos?	¿Qué dirán otros?/¿Qué opinión tendrán de mí?
Resolución de problemas en conjunto.	Control adulto.
Hacer preguntas ¿qué? Y ¿cómo?	Decirles qué y cómo.
Compartir sentimientos («Yo me siento ___ acerca de ____ porque ____»).	Exhibición emocional.
Fechas límites/cumplir con lo acordado.	Reglas/castigo.
Crear oportunidades para entrenar y desarrollar habilidades.	Dar discursos/regañar/mandar.
Reuniones familiares.	Padres deciden las reglas y las consecuencias.

CRIANZA A LARGO PLAZO	CRIANZA A CORTO PLAZO
Escuchar sin solucionar el problema.	Resolver el problema.
Descanso alentador. Decidir las acciones que vas a tomar.	Descanso punitivo. Tratar de controlar lo que hace el niño.

Fuente: Lynn Lott y Jane Nelsen. «Crianza a largo plazo versus crianza a corto plazo», *Teaching Parenting the Positive Discipline Way,* Empowering People, 2013.

Ahora pregúntate, en cuál de las dos columnas sueles centrarte cuando surgen los conflictos. Tradicionalmente, se ha educado pensando en el futuro, pero con herramientas que funcionaban a corto plazo, como por ejemplo el castigo.

¿El castigo funciona? Sí, algo logra. Si le digo a mi hijo que, si no me hace caso, le quito el móvil, o nos vamos del parque, o no irá a casa de su amigo porque quiero que haga lo que yo quiero, lo más probable es que obedezca y rápidamente extingamos la conducta problemática. Sin embargo, hoy día sabemos que educar a corto plazo, con herramientas tradicionales como el castigo, la amenaza o el chantaje (puedes volver a revisar el primer capítulo, en el que hablábamos de estos métodos tradicionales y de por qué descartarlos), pese a funcionar, no da los resultados esperados. Te pongo un ejemplo: imagina que castigas a tu hijo sin ver los dibujos porque os está interrumpiendo todo el rato a tu marido y a ti. Le dices que o se calla o lo dejas sin ver la televisión. Y entonces pueden ocurrir dos cosas:

1. Que tu hijo se calle y al poquito vuelva a intervenir; es decir, que se detenga un momento para luego intensificar su conducta. Y que tú vuelvas a repetir que pare y lo haga de nuevo, hasta que llegue un momento en que lo amenaces con algo mayor («Y lo digo en serio»). Puede que entonces tu hijo por fin pare porque le interese mucho ver la televisión y ya haya aprendido que es mejor no insistir para no perder eso que desea. Es como si dijera: «Quiero hablar con ellos, quiero participar, quiero intervenir..., pero si no me dejan, lo asumo, y al menos podré ver la tele».

2. Que tu hijo no tenga ningún interés en ver la televisión y tu amenaza no surta efecto, entonces o bien acabes cediendo (dejes la conversación y desistas), o bien incrementes la amenaza anunciándole un castigo mayor, hasta que encuentres algo que te funcione y que, curiosamente, coincide con lo que más daño hace a tu hijo.

Si te fijas, ninguna de las dos opciones, pese a funcionar, darán lugar a buenos resultados. Tu hijo lo que está aprendiendo es que tú mandas, y él tiene que obedecer. Ahora es a ti, mañana a otro adulto, en la adolescencia a algún amigo, en la juventud a su pareja... Y el criterio propio estará un poquito condicionado.

Te propongo, por tanto, que enfoques tu crianza en el largo plazo y te hagas las preguntas adecuadas; **en lugar de**

«¿por qué mi hijo hace lo que hace?», piensa en «¿qué debo hacer para enseñar a mi hijo lo correcto?».

En lugar de:

- ¿Cómo hago para que mi hijo me escuche?
- ¿Cómo consigo que desaparezca este problema?
- ¿Cuál es el castigo/consecuencia para esta situación?

Pregúntate:

- ¿Cómo ayudo a mi hijo para que sea capaz de hacer esto...?
- ¿Cómo podemos lograr que los problemas sean una oportunidad de aprendizaje?
- ¿Cómo podemos buscar soluciones para que esto no vuelva a repetirse?

Estas últimas preguntas te orientan a la enseñanza a largo plazo, no buscan resolver las cosas en el momento, porque saben que la crianza es un camino largo, aunque tiene fin. Sin embargo, la enseñanza a corto plazo se centra en sembrar lo que queremos recoger en un futuro próximo.

ENSEÑA HABILIDADES VITALES

Del principio anterior llegamos a este porque están muy relacionados. Evitar el corto plazo implica enfocarse en enseñar habilidades valiosas para la vida. Te pongo un ejemplo: cuando mis dos hijos pelean por quién elije una película, yo puedo castigarlos a los dos sin tele, mandarlos a su cuarto, etcétera. Pero ya imaginarás que, haciendo esto, no lograré que mejore su relación, sino que de alguna forma estaré agrandando la brecha que los separa y generando más rivalidad entre ellos. Es habitual oír eso de «Por tu culpa, mamá nos ha castigado». Te suena, ¿verdad?

También puedo aprovechar para enseñarles habilidades más útiles durante la infancia y adolescencia para que las tengan consolidadas en la juventud y adultez: llegar a acuerdos, escuchar al otro, ceder, aceptar otros puntos de vista...

Si lo piensas, lo fácil es enfadarse. ¿Peleáis por la película? Pues ya no hay película. Decía el refrán: «Muerto el perro, se acabó la rabia». Pero esto no solo es poco educativo, sino que tiene unos resultados que se vuelven incluso en nuestra contra. ¡Cuántos tienen hijos con una relación cada vez peor y que acaban por no hablarse, odiarse o fastidiarse continuamente! Y esto, cuando eres madre o padre, es una de las cosas que más te quitan la energía, porque no puedes elegir.

Entiendo que enseñar habilidades resulta más difícil, porque requiere atención por nuestra parte, no dejarnos contagiar por las neuronas espejo, estar centrados en la resolución de problemas y desterrar el castigo como herramienta educativa. En lugar de «Si seguís discutiendo, desenchufo la tele y la tiro por la ventana..., y lo digo en serio» (Uff, a veces lo que soltamos sin pensar), es mejor esto:

> *«Veo que hay un problema y que cada vez os cuesta más poneros de acuerdo. ¿Queréis mi ayuda o podéis encontrar una solución valiosa para ambos vosotros solos?».*

CAPACITAR

Me gustaría arrancar este apartado con una frase:

No hay nada que ayude más a desarrollar una sana autoestima que sentir que eres capaz de algo, que tienes oportunidad, independientemente del resultado, pero al menos cuentas con esa fuerza o empuje que te da sentir que tienes la capacidad de conseguirlo.

Unas páginas más atrás estuvimos hablando del poder del «todavía», de lo diferente que es limitarte a decir a tu hijo: «No, esto no puedes hacerlo», a añadir: «Sé que quieres hacerlo, pero no puedes todavía». Aquí, sin embargo, me gustaría hablarte de cuando nosotros no sabemos preparar debidamente el escenario para que nuestros hijos logren hacer las cosas por sí solos, cuando a veces dificultamos su correcto desarrollo y la puesta en práctica de sus capacidades. Esto pasa mucho más de lo que crees. No hagas por un niño aquello que pueda hacer por sí mismo.

Y es que... **se nos olvida que nuestra misión como padres es prepararlos para la vida en lugar de protegerlos.**

Te hago una pregunta: cuando un padre está enseñando a su hijo a montar en bicicleta, ¿cuál crees que es el momento en el que lo va a dejar ir solo, en el que va a soltar el sillín? Lo normal es que hayas respondido: «Cuando el niño esté preparado y ya sepa montar». Sin embargo, déjame decirte que ambos sabemos que esto no es del todo cierto, realmente los padres soltamos el sillín cuando vemos que nuestro hijo está preparado y no se va a caer, y que, si lo hace, no sufrirá un dolor irreparable. Lo mismo ocurre si le enseñas a nadar, a hacer los deberes o a leer. Cuando sientes que tu hijo puede continuar solo, lo sueltas..., y esto coincide con cuando tú dejas de tener miedo a que se caiga.

Esto, en parte, está bien, porque somos su apoyo, su acompañamiento, pero el problema viene cuando de alguna manera el mensaje que les mandamos es: «No me fío de ti, no confío en que seas capaz de hacerlo», y esto puede hacer a nuestro hijo más débil, más dependiente, más esquivo con la vida y; en definitiva, puede retrasar su sentimiento de capacidad. Creer que no puede hacerlo estará condicionando el desarrollo de una sana autoestima y afectando a su seguridad. Recuerda que los niños para sobrevivir (emocionalmente) necesitan sentir que pertenecen y que pueden contribuir, y esto solo podrán hacerlo si se consideran capaces. Si lo piensas, en el fondo es el fin que todo padre persigue: que su hijo algún día vuele solo.

A veces, la maternidad/paternidad mal entendida nos lleva a pensar que para ser una buena madre o un buen padre tenemos que hacerlo todo por nuestros hijos y ello sin dejar de cumplir con nuestras estresantes agendas de adultos. Tratamos de compensar nuestras ausencias haciendo las cosas por ellos con la intención de facilitarles la vida, pero, al actuar así, ellos solo obtienen una «vida mala», y nos confundimos pensando que es buena, cuando la «vida buena» podríamos decir que no existe. La vida es difícil, encontramos muchos obstáculos, retos y desafíos que superar; debemos preparar a nuestros hijos para ello. Querer evitarles todo sufrimiento, sobreprotegerlos, aislarlos, infravalorarlos es una vida mala. Los estaremos privando de fuerza para enfrentar su futuro.

Voy a terminar este apartado con otra frase que te ayudará a minimizar en algo la culpa que puedas sentir: los niños crecen con nuestras ausencias. ¿Lo recordarás la próxima vez que te tengas que ir a trabajar? ¿Que decidas cuidarte? ¿Que quedes con tus amigas?

LA CASA DE
LA DISCIPLINA
positiva

Visualiza una casa en la que reine la paz, en la que todo sean risas y colaboración, en la que le pidas a tus hijos que se pongan el pijama y ellos raudos y veloces lo hagan, y además... con una sonrisa... ¿Te imaginas? Pues, como ya te habrás dado cuenta, esto solo pasa en tu imaginación. Lo normal es que los niños se quejen, que no participen, que se hagan los remolones, que unas veces cooperen y otras se desesperen... Y en medio de esa inconsistencia estás tú sin saber qué hacer.

No todo funciona siempre. Aplicas la misma herramienta y unas veces te funciona y otras no... Entonces ¿de qué sirve esto de la disciplina positiva?, ¿para qué crear un hogar, una casa de la disciplina positiva? Bien, sigue leyendo porque te voy a contar por qué a veces te funciona y por qué otras tienes la sensación (o la certeza) de que nada sale bien.

Cuando queremos que las cosas cambien, tenemos varias opciones:

1. **Cambiar nosotros.** La parte de cambiar nosotros se refiere a revisar qué nos pasa con nuestros hijos, qué nos genera situaciones de estrés; por ejemplo, cuando les pides que se bañen porque ya tienen el agua caliente y se va a enfriar y ellos siguen ahí jugando, ignorando tus peticiones (que siempre empiezan con buen tono) y sin tener en cuenta el gasto de agua, de luz, de tiempo que esto supone. ¿Por qué los niños no son conscientes de cuánto tenemos que pagar los padres a fin de mes? Me pregunto...

2. **Cambiar las cosas que hacemos.** La parte de cambiar las cosas que hacemos está relacionada con actuar desde la conciencia y la decisión. El proceso de cambio tiene tres partes: primero tengo que decidir si quiero cambiar, si quiero hacer las cosas de otra manera; en segundo lugar, cuando no estoy haciendo las cosas como debería, debo darme cuenta de ello y poner el foco en de qué otra forma podría hacerlo; y en tercer y último lugar, y más difícil, antes de actuar he de ser consciente de lo que no quiero y de lo que quiero conseguir, a fin de aplicar lo nuevo aprendido para instaurarlo y sustituir los viejos patrones.

EL ICEBERG DE LA

conducta

ste es uno de los símiles que más me gustan y que siento que más puede ayudar a entender el comportamiento humano, y no solo el de los niños, sino también el de todas las personas en general. De hecho, el modelo del iceberg de la conducta lo he encontrado en muchos libros de psicología. La parte que vemos del iceberg representa la parte visible de la persona, mientras que, por debajo de la línea del mar, permanece la parte oculta, todos aquellos aspectos relacionados con la personalidad que no vemos. A la parte visible se la llama PAN (persona adulta normal), lo que vemos, y lo que está debajo del iceberg sería PE (persona emocional).

Hay muchos modelos que usan el iceberg para hablar de cómo hay partes de nosotros que sí se pueden ver y otras que permanecen ocultas. Nosotros vamos a usar el modelo del iceberg de la conducta precisamente para mostrar que muchas de las cosas que vemos en los niños son solo la punta del iceberg, y que en lo que más nos tenemos que fijar es en lo que hay debajo. Es decir, **la parte que se ve sería la conducta, el comportamiento, y lo que no vemos son las creencias. Por tanto, un niño puede buscar la solución a un problema que no ves.**

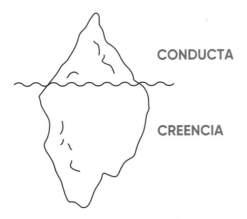

CONDUCTA

CREENCIA

Con este dibujo podemos entenderlo mejor, pero aun así vamos a poner un ejemplo: imagina que tu hijo de cinco años se pone a llorar y a gritar o empuja de repente a su hermana pequeña; eso es lo que nosotros estamos viendo. Sería la punta del iceberg; percibimos el comportamiento, la conducta de nuestro hijo. Diríamos que conocemos el resultado final, lo que hace. Lo que no sabemos y no vemos es qué es lo que lo ha llevado a hacer lo que ha hecho, lo que está debajo del iceberg. En este ejemplo, la causa del comportamiento del niño podría ser una creencia errónea, el sentimiento de no pertenecer, la incapacidad de expresar lo que está sintiendo de manera adecuada, no sentirse socialmente útil o incluso una dificultad, una inmadurez a nivel de desarrollo evolutivo. No olvidemos que tiene cinco años y que su cerebro no está maduro, con lo cual lo que no vemos es la creencia errónea que lo ha llevado a comportarse así. En definitiva, la conducta del niño sería la solución para un problema que no vemos, que es lo que está debajo del iceberg.

Esto nos lleva a hacernos la siguiente pregunta: ¿por qué los niños se portan mal?

POR QUÉ LOS NIÑOS SE PORTAN MAL

Para que podamos entendernos, habitualmente decimos que los niños se portan mal, que no obedecen, que no toman decisiones adecuadas y que no hacen caso a sus padres. Pero a veces este es un problema de planteamiento: no es que los niños se porten mal, sino que la interpretación que hacen de la realidad es errónea y, por tanto, las decisiones que toman (es decir, sus conductas) son equivocadas.

Te propongo un cambio de mirada: a partir de ahora quiero que recuerdes esto cuando veas que tu hijo se está portando mal, quiero que recuerdes esta frase:

Cuando un niño se porta mal, es porque se siente mal.

Sí, como lo oyes, cambia el «portarse mal» por «sentirse mal». Te pondré un ejemplo que te ayudará a afianzarlo y a no olvidarlo.

Imagina que una mañana te levantas después de haber tenido una discusión con tu pareja, parece que últimamente no sale nada bien, le pides cualquier cosa y no la hace, la ignora o la olvida. Esa mañana te vas enfadada al trabajo, pero conforme avanza el día piensas en que lleváis muchos años juntos, tenéis una vida en común, risas, proyectos..., y te dices a ti misma: «Venga, va, si no es para tanto. Cuando llegue a casa, empezamos de cero y le daré un beso para reconciliarnos».

Bien, pues ahora imagina que ya has llegado a casa, muy motivada, con la ilusión de darle ese beso, pero cuando abres la puerta, ves a tu hijo pequeño llorando, a tu marido gritando «¡Me da igual, te lo comes, que esto no es un restaurante!» y, al fondo, la cocina patas arriba, el lavavajillas todavía lleno, tal como lo dejaste por la mañana, y la lavadora con la ropa sucia... Y conforme observas ese escenario, ¿qué pasa con tus ganas de portarte bien, es decir, de darle un beso a tu pareja? Que se esfuman y salen por la puerta.

Y es que, como te sientes mal, te portas mal. Ya no le das ese beso a tu pareja ni empiezas de cero.

Me porto mal

Me siento mal

Y sí, lo ideal en este caso es hacer la siguiente lectura: «Madre mía, cómo debe de haber sido su día para que esté gritando a los niños, aún no haya vaciado el lavavajillas y no haya podido poner la lavadora». Pero, en lugar de eso, a nuestra cabeza le vienen los pensamientos intrusivos que nos dicen: «¿Ves? Otra vez igual, está claro que, si no lo hago yo, no lo hace nadie, siempre me toca a mí, ya no puedo más, con lo cansada que vengo, esto tiene que acabarse»... ¿Te suena esto que te digo? ¿Quizá no te pasa ti, pero sí a alguna amiga?

Pues bien, este ejemplo me sirve para ilustrarte que, con los niños, pasa algo parecido: no se portan mal, se sienten mal. **Nosotros vemos su conducta, pero no cómo se sienten ni qué los ha llevado a comportarse así.**

Es tarea nuestra, como padres, como adultos, conocer las necesidades no cubiertas de nuestros hijos. ¿Sabes qué necesitan los bebés? ¿Y los niños? ¿Y los adolescentes? Yo te lo explico a continuación.

¿QUÉ NECESITAN LOS BEBÉS? ¿Y LOS NIÑOS?

Conocer las necesidades no cubiertas te dará las claves de a qué responder: si a la punta del iceberg (comportamiento) o a lo que hay debajo del mar (creencia).

Te pido ahora que, si tus hijos son más mayores, hagas un ejercicio de recuerdo. Quiero que vuelvas a esa etapa en la que tu hijo o tu hija tenía apenas unos tres o cuatro meses de vida. ¿Recuerdas qué necesitaba a esa edad?

Probablemente (completa tú la lista si me olvido de algo importante). Lo que requería era:

- Comer
- Dormir
- Contacto
- Cariño

Tú lo dejabas por la noche en su cunita, con sus necesidades básicas cubiertas, para que se durmiera, y te ibas a la cama a descansar. Y si de repente el bebé se despertaba, ¿qué conducta tenía? ¿Qué hacen los bebés cuando sus necesidades básicas no están cubiertas? Lloraba, ¿verdad?

Imagina que ocurría a eso de la media noche, ¿tú qué hacías,? ¿te levantabas de la cama, acudías a la cunita de tu bebé y qué atendías? ¿El llanto o la necesidad? Piénsalo bien.

Los padres siempre atienden la necesidad. Al oír al bebé, saben que necesita algo y entonces intentan cubrir esa necesidad. «Uy, el bebé llora, será que tiene hambre», y le preparabas un biberón, se lo dabas y lo volvías a acostar. Pero al rato lloraba de nuevo y entonces atendías otra vez su necesidad: «¿Qué pasará ahora? Ay, sí, ya sé, el pañal, tengo que cambiarle el pañal». Lo cambiabas y regresabas a tu cama.

CONDUCTA
llorar

NECESIDAD
comer, dormir, higiene

PADRES
atienden

Quien tiene un bebé ya sabe que no hay dos sin tres... Así que, si tu bebé volvía a llorar, ¿qué hacías entonces? Satisfacer de nuevo su necesidad: «A ver qué le pasa ahora. ¡Ay, ya sé! ¡Que no le he sacado los gases!». Y esto que es habitual cuando tenemos bebés y que parece un poco una tortura es un círculo de conexión perfecto que funciona día a día y noche a noche.

CONEXIÓN
necesidad → conducta → atienden

Cada vez que el bebé llora (por cierto, quien da sentido al llanto son los padres, el bebé llora y a veces no sabe por qué, es su naturaleza, su instinto de supervivencia), los padres, en su instinto de protección, lo calman y atienden para cubrir una supuesta necesidad. Así, el bebé aprende que cuando llora recibe atención y, por tanto, podrá dejar de llorar, pero cuando sienta que su necesidad no está cubierta, volverá a hacerlo.

Bebés   Padres

NECESIDAD ⟶ CONDUCTA ⟶ ATIENDEN
                        Llanto

Pero ¿qué pasa cuando dejan de ser bebés (en torno a los tres años, según la OMS y la Asociación Española de Pediatría) y entran en la infancia o la adolescencia? Volvamos a ponernos en situación, ¿qué necesita un niño? Seguramente ya sepas que lo mismo que los bebés: comer, dormir, higiene, cariño..., pero también requieren tiempo, comprensión, atención, tomar decisiones, jugar, elegir, escuchar... Estas serían sus necesidades más básicas; ahora bien, ¿qué hace un niño/adolescente cuando sus necesidades no están cubiertas? Pues también llora, pero al llanto añade gritar, patalear, tener rabietas, empujar, tirar cosas, pegar, insultar, morder, y un largo etcétera de conductas que si tienes hijos ya conocerás...

Y ahora vamos a lo que nos ocupa: ¿qué hacemos los padres cuando los hijos tienen esa conducta? ¿Atendemos la conducta o la necesidad? Piénsalo bien...

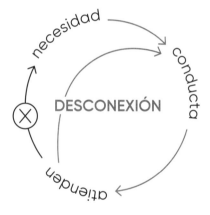

Efectivamente, cuando los niños gritan, los padres gritamos; si pegan, los castigamos; cuando tiran cosas, les regañamos... Son acciones encaminadas a atender la conducta, pero no la necesidad. Esto genera un círculo de conexión incompleto.

En definitiva, cuando nuestros hijos se van haciendo mayores, los padres interpretamos lo que hacen como mala conducta o como problema (cada día hay más diagnósticos y etiquetas, y eso que cada vez sabemos más sobre los peligros de estas y de los sobrediagnósticos). Empezamos a prestar más atención a lo que hacen y menos a lo que necesitan, y no hablo de necesidades materiales, sino de las emocionales y las propias de la edad.

¿Qué podemos hacer entonces como padres? **Tenemos que descifrar su conducta y conocer las metas erróneas del comportamiento para saber por qué los niños actúan como lo hacen.**

POR QUÉ LOS NIÑOS HACEN LO QUE HACEN. LÓGICA PRIVADA

Podríamos hablar mucho sobre por qué los niños hacen lo que hacen, pero realmente lo que nos interesa a los padres es que hagan lo que tienen que hacer (que nos presten atención, que obedezcan...) y, generalmente, eso debe coincidir con lo que nosotros queremos que hagan. ¿Verdad?

No es objeto de este libro hablar de los comportamientos esperados en los niños según la edad (aunque sería una gran idea escribirlo, ya que, por un lado, nos podría tranquilizar saber lo que podemos esperar, ¡pero, por otro, estaríamos en tensión si nuestro hijo no encajara dentro de esa tabla o baremo evolutivo!), sino más bien ayudar a entender la mal llamada «mala conducta» y sobre todo lograr «que mi hijo me haga caso, que para eso soy su padre/madre y sé lo que más le conviene» (léase la ironía).

Empecemos por el principio. Los niños nacen con un cerebro inmaduro, inseguros, dependientes, indefensos..., así que necesitan de un adulto para sobrevivir. Cuando un niño nace, todo su mundo serán sus adultos de referencia, sus cuidadores primarios, sus padres, y luego, poco a poco, irá ampliando su abanico de relaciones al interactuar con otros adultos (profesores, familia extensa, amigos de los padres, etcétera) y con otros iguales.

Los niños son muy buenos observadores, necesitan explorar el mundo, tocarlo. Hoy día sabemos lo importante que es el tacto en la infancia, puesto que en las yemas de los dedos tenemos terminaciones nerviosas que conectan directamente con el cerebro. Sin embargo, los niños son muy malos interpretando la realidad. Su falta de información, su inexperiencia, junto con su déficit de madurez, hacen que las interpretaciones de lo que ocurre a su alrededor sean erróneas. El ciclo ocurre así: el niño ve el mundo que lo rodea, lo percibe y, a partir de ahí, hace su interpretación y se forma una creencia. A continuación, en función de esa creencia, actúa, toma una decisión... Esa mala decisión es lo que conocemos como mala conducta. Así que ya sabemos por qué los niños hacen lo que hacen: por su inmadurez a la hora de interpretar la realidad. Esto se conoce como lógica privada.

PERCIBE ⟶ INTERPRETA

LÓGICA PRIVADA

DECIDE ⟵ CREENCIA
Conducta

La mala conducta viene, por tanto, de una creencia equivocada sobre cómo pertenecer.

Es importante recordar, como dijimos en los primeros capítulos, que los seres humanos necesitamos sentir que formamos parte de algo y que todas nuestras acciones van encaminadas a un fin: lograr la pertenencia.

Cuando los niños son pequeños, se hacen a sí mismos estas preguntas:

- ¿Soy bueno?
- ¿El mundo es bueno?
- ¿Cómo son los demás?
- ¿Qué debo hacer para encajar?

En función de las respuestas que se dé, se formará poco a poco su personalidad, interpretando el mundo con esas gafas y formando sus creencias.

« Toda conducta tiene un propósito, y es la búsqueda de PERTENENCIA».

No pertenecer es para un niño «la muerte», es que no se lo tenga en cuenta, que no lo vean, y antes que eso, vendrá seguro la mala conducta para volver a recuperar su valor.

Comentábamos antes que los niños buscan tener sus necesidades cubiertas por supervivencia y, si estas no lo están, con sus conductas tratarán de conseguir que lleguen a estarlo, porque toda conducta tiene un propósito: pertenecer y que los tengan en cuenta.

¿Y cuáles son las necesidades básicas y universales que todo ser humano necesita en alguna forma?

1. Necesidad de que lo atiendan.
2. Necesidad de poder decidir.
3. Necesidad de que las cosas sean justas.
4. Necesidad de sentirse capaz.

Cuando estas necesidades no se cubren, el niño buscará revertir esta situación de manera equivocada. En la infancia existen cuatro metas o propósitos erróneos de la conducta:

1. Cuando los niños no se sienten atendidos, buscan la atención indebida o excesiva.
2. Cuando creen que no pueden tomar decisiones, aparece la necesidad de poder mal dirigido.
3. Cuando sienten que son tratados de forma injusta, buscan obtener venganza.

4. Cuando no se sienten capaces, tienden a la ineptitud asumida.

Cuando Rudolf Dreikurs elaboró estas metas erróneas, le preguntaron cómo podía encasillar ahí a los niños, a lo que él respondió que no lo hacía, sino que los buscaba dentro de ellas. Estas cuatro metas equivocadas explicarían las creencias que hay detrás de una mala conducta.

Lo que suele ocurrir es que, como vimos anteriormente, nuestros hijos —que son muy buenos observando, pero muy malos a la hora de interpretar— buscan la pertenencia, la conexión y la importancia de manera equivocada. Y esto se debe a que aún no tienen la capacidad cognitiva para expresar lo que necesitan de una manera más adecuada.

La tabla de las metas erróneas que comparto contigo a continuación es uno de los conceptos más difíciles de entender y a la vez más útiles y reveladores de la disciplina positiva.

Si el padre/maestro se siente:	Y tiende a reaccionar:	Y si la respuesta del niño es:	La meta del niño es:	La creencia detrás del comportamiento del niño es:	Mensaje tácito:	Las respuestas productivas y estimulantes de padres/maestros incluyen:
Fastidiado, irritado preocupado, culpable	Con advertencias, ruegos haciendo cosas que el niño puede realizar por sí mismo.	Detenerse momentáneamente y más tarde retomar la misma u otra conducta inadecuada.	**Atención excesiva** (para mantener ocupados a los demás u obtener servicio especial).	Yo cuento (pertenezco) solo cuando notas mi presencia o cuando obtengo un servicio especial, soy importante únicamente cuando te mantengo ocupado conmigo.	**Date cuenta de mí. Inclúyeme de tal forma que me sienta útil.**	«Te amo y _____» (por ejemplo: «Me importas y te dedicaré tiempo más tarde»); distraiga al niño involucrándolo en una actividad útil; no le dé servicios especiales; diga las cosas una sola vez y después actúe; planee momentos especiales; establezca rutinas; tómese el tiempo para entrenar al niño; organice reuniones familiares/de sala de clase; toque sin hablar, establezca señales no verbales.
Provocado, desafiado, amenazado, derrotado	Luchando, rindiéndose, pensando: «No te puedes salir con la tuya» o «Te obligaré a hacerlo», queriendo tener la razón.	Intensificar su conducta inadecuada, complacer de forma desafiante, sentir que ganó cuando el padre/maestro está alterado, ejercer poder pasivo.	**Poder mal aconsejado** (ser el jefe).	Yo cuento solo cuando soy el jefe o tengo el control, o puedo hacer que nadie me mande: «No puedes obligarme». Solo pertenezco cuando tengo el mando.	**Déjame ayudar. Dame opciones.**	Redirija el poder positivo pidiéndole ayuda al niño; reconozca que no puede forzar al niño y pídale su ayuda; no pelee y no se rinda; sea firme y cordial; actúe, no hable; decida lo que hará usted; deje que las rutinas manden; desarrolle respeto mutuo; dé opciones limitadas; pídale al niño su ayuda para establecer algunos límites razonables; lleve a cabo lo acordado; estimule; cambie la dirección del poder hacia algo positivo; utilice reuniones familiares/de salón de clase; retírese del conflicto; salga y cálmese.
Lastimado, decepcionado, incrédulo, disgustado	Con represalias, desquitándose, pensando: «¿Cómo pudiste hacerme esto a mí?».	Tomar represalias, lastimar a otros, destruir cosas, desquitarse, intensificar la misma conducta o elegir otra arma.	**Venganza** (desquitarse).	Creo que no cuento, por lo tanto, lastimo a los demás porque yo me siento herido, no puedo ser aceptado ni amado. No creo que pertenezco, por lo cual voy a herir a otros ya que yo me siento herido.	**Me siento dolido. Valida mis emociones.**	Reconozca que el niño se siente dolido: «Tu conducta me dice que te sientes lastimado. ¿Podemos hablar de eso?». Evite los castigos y represalias, fomente la confianza, escuche reflexivamente, comparta cómo se siente usted, haga gestos de reconciliación, demuestre su cariño, actúe en vez de hablar, note de forma positiva lo que el niño domina o hace bien; ponga a todos los niños/hermanos en la misma situación; utilice reuniones familiares/de salón de clase.
Desesperado, perdido, inútil, deficiente	Dándose por vencido, haciendo las cosas por el niño, sobre-protegiéndolo.	Volver a intentar en el futuro ser pasivo, no mejorar, no responder. Se ensimisma o abstrae más.	**Deficiencia asumida** (darse por vencido y que lo dejen en paz).	No creo que pueda pertenecer, por lo tanto, convenzo a los demás de que no esperen nada de mí. Soy inútil e incapaz; no vale la pena que intente nada porque no haré nada bien.	**No te des por vencido conmigo. Muéstrame un paso pequeño que pueda dar.**	Ofrezca pequeños pasos; evite toda crítica; anime cualquier intento positivo del niño, por más pequeño que sea; confíe en las habilidades del niño; enfóquese en lo que hace bien; no le tenga lástima; no se rinda; establezca oportunidades para que el niño tenga éxito; enséñele habilidades/enséñele cómo hacerlo, pero no lo haga por él; disfrute de la compañía del niño. Anime, anime, anime; utilice reuniones familiares/de salón de clase.

Fuente: *Disciplina positiva*, Jane Nelsen, Ediciones Ruz, 2001.

Una vez que identifiquemos el objetivo erróneo de nuestro hijo, podremos darnos cuenta de cuál es el propósito de su comportamiento.

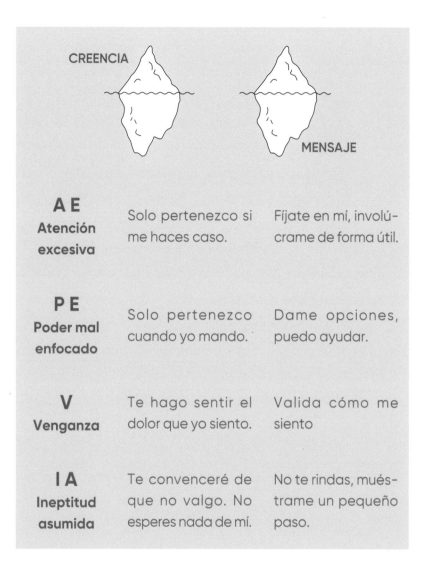

CREENCIA

MENSAJE

	CREENCIA	MENSAJE
A E **Atención excesiva**	Solo pertenezco si me haces caso.	Fíjate en mí, involúcrame de forma útil.
P E **Poder mal enfocado**	Solo pertenezco cuando yo mando.	Dame opciones, puedo ayudar.
V **Venganza**	Te hago sentir el dolor que yo siento.	Valida cómo me siento
I A **Ineptitud asumida**	Te convenceré de que no valgo. No esperes nada de mí.	No te rindas, muéstrame un pequeño paso.

Veamos uno a uno estos cuatro objetivos erróneos:[1]

---

1. Estas cuatro metas también son aplicables en adolescentes y adultos, con la salvedad de que no son tan «puras» y de que habría que añadir la parte que tiene que ver con la relación con los otros, la presión de grupo, el interés por uno mismo, el cambio físico y la necesidad de excitación.

- **Atención excesiva:** el niño (inconscientemente) quiere llamar nuestra atención. Es como si creyera que solo es importante cuando le prestamos atención. En el pasado se decía que lo mejor en estos casos es ignorar al niño, sin darse cuenta de que hacer esto significaba reforzar la creencia del pequeño de que tiene razón: «Veo que no pertenezco, no me ven, así que solo puedo, para sobrevivir, intensificar mi conducta». ¿Qué debemos hacer entonces? Traducir la creencia del niño como «Fíjate en mí, involúcrame de manera que me sienta útil».

- **Poder mal enfocado:** el niño siente que está muy controlado y que no tiene posibilidad de elección. Todo le viene impuesto y se rebela. Es como si dijera: «Tú no eres el jefe y no puedes obligarme». La creencia errónea es que él gana cuando los padres están enfadados y les demuestra que no mandan sobre él. Para poder orientarlo hacia la pertenencia, debemos traducir el mensaje y formularlo en términos de «Dame opciones, déjame ayudar».

- **Venganza:** el niño se siente dolido y con su comportamiento quiere hacerte sentir el daño que está experimentando él. Es como si quisiera desquitarse. A veces pega a su hermano por celos, porque sabe (inconscientemente) que eso nos duele y es una manera de decir: «Estoy dolido, valida mi emoción». Lejos de haber una intención de causar daño sin reparo, lo que nos muestra es que se siente dolido, no querido o infravalorado.

- **Ineptitud asumida:** cuando el niño cae en esta meta errónea, puede que necesitemos ayuda profesional. El niño se siente incapaz, algo que, a veces, es temporal y pasajero, pero otras veces puede ser indicador de una dificultad real (por ejemplo, un niño que no quiere leer, se niega a ello y dice que no sabe o que no quiere…, tras esto puede haber una dislexia). El niño no quiere que lo molestemos ni que le insistamos porque ya ha tirado la toalla, es como si dijera: «No esperes nada de mí, date por vencido». Sin embargo, la traducción que tenemos que hacer es la contraria: «Papá, mamá, no te desanimes, muéstrame pequeños pasos y no te rindas conmigo».

Las primera meta errónea (atención excesiva) suele encontrarse fácilmente en los primeros años, en niños más pequeños de dos, tres, cuatro o cinco años que buscan atención: «Mamá, ¿te gusta?», «Mamá, ¡mira!», y la de poder cuando comienzan con el temido «No», y los «No quiero», «No me gusta», «Tú no me mandas»… Las otras dos metas erróneas (venganza e ineptitud) aparecen más tarde, cuando hay más intención o una dificultad que puede requerir la intervención de un profesional. Ahora bien, hay niños de cuatro años que pueden pasar por todas las metas en un mismo día, así que pensemos en que lo importante es que nos sirven para ver más allá de la punta del iceberg y trabajar la lógica privada y las creencias erróneas.

A continuación, te explico con un ejemplo cómo funciona la tabla de las metas equivocadas que aparece en la página 100 para que puedas «descifrar el código» y entender el «mal» comportamiento de tu hijo. Primero de todo, tendremos que convertirnos en detectives y averiguar en qué meta errónea podría estar nuestro hijo. Para ello, nos vamos a fijar en tres cosas:

1. Cómo te hace sentir el comportamiento de tu hijo.
2. Cuándo se comporta de esa manera y cómo tiendes a reaccionar. (¿Qué le dices?, ¿qué haces?).
3. Cuando reaccionas así, cómo te responde tu hijo.

Te pongo un ejemplo: estás hablando por teléfono con la abuela y tu hijo no para de reclamar tu atención... «Mamá, ¡mira..., mamá!, ¡mamá, hazme caso!». Mira en la primera columna de la tabla cómo te hace sentir esto. En mi caso, sería irritada, que corresponde con la primera fila de «La meta del niño», «atención excesiva». Ahora tendría que irme a la segunda columna para ver cómo tiendo a reaccionar cuando mi hijo no para de llamarme. En mi caso es diciéndole que pare, que espere, intentando convencerlo y recordándole que luego lo atenderé... Finalmente, me fijaría en la tercera columna para ver cómo responde mi hijo ante este comportamiento. En el caso de mi hijo, se detiene momentáneamente, pero continúa intensificando su conducta.

Una vez que tengas identificadas las metas erróneas, hay que verificarlas. Para ello, y según la edad de tu hijo, vas a lanzar la pregunta al aire de si quizá tu hijo está en la meta de atención excesiva. Lee la columna cinco para ver la creencia que hay detrás de la conducta y descodifícala con la columna seis. En la última columna (siete) encontrarás posibles respuestas alentadoras.

Varios apuntes importantes:

- Los niños pueden estar en una, dos, tres o cuatro metas erróneas en un mismo día.
- Lo que determina en qué meta errónea puede estar el niño es cómo nos hace sentir su conducta. De tal forma que la misma conducta, en dos adultos diferentes, puede provocar distintas emociones y, por tanto, tratarse de dos metas erróneas diferentes.

Por ejemplo: a mí, que mi hijo no estudie me hace sentir irritada. Le pido que estudie, pero no me hace caso, se distrae con otra cosa, pierde el tiempo... Mi hijo está en la meta errónea de atención excesiva. A mi marido, que nuestro hijo no estudie cuando se lo pide le hace sentirse provocado. Nuestro hijo podría estar en poder mal dirigido. Pero quizá a ti puede hacerte sentir dolido, herido..., porque para ti los estudios son muy importantes, por lo que tu hijo podría estar en la meta errónea de venganza. Y quizá, para mi hermana, que su hijo no quiera estudiar cuando le dice una y otra vez que lo haga, que se ponga con los deberes, que lea..., la hace sentirse devastada, sin herramientas, derrotada, por tanto, mi sobrino podría estar en la meta errónea de ineptitud asumida.

Como ves con en este ejemplo **la clave siempre va a estar en cómo te hace sentir a ti la conducta de tu hijo, en cómo reaccionas ante ella y en qué hace él cuando tú respondes así. Es tu emoción la que te va a dar la pista.**

No obstante, no olvides que, cuando un niño se «porta mal», es porque se siente mal, y que, cuando ese niño se siente alentado, desaparece el mal comportamiento.

Espero que a partir de ahora utilices la tabla de las metas erróneas como una aliada imprescindible para traducir el comportamiento de tu hijo.

Jane Nelsen recomendaba colocarla en la nevera. Imagino que lo hacía por dos motivos: para tenerla siempre en un lugar visible y útil, y porque, mientras nos alejamos de la situación problemática para ir a buscar la tabla, le damos tiempo a nuestro cerebro a volver a regularse, evitando así que tome decisiones desde el cerebro primitivo.

LA FORMACIÓN DE LA PERSONALIDAD: ORDEN DE NACIMIENTO

Este es sin duda uno de mis apartados preferidos del libro, todo lo que tiene que ver con el orden de nacimiento y su repercusión en la formación de la personalidad. De hecho, fue la investigación de mi trabajo de fin de máster de psicología adleriana: cómo el orden de nacimiento influye en la personalidad y las relaciones.

Hoy día sabemos que los tres primeros años de un niño son esenciales en la formación de su personalidad. Según la psicología adleriana, la personalidad, que conforma nuestra actitud ante la vida, lo que Adler llamó «estilo de vida», ya está definida y es estable a los cinco años. **Habrá cosas que pasen que nos puedan «moldear», pero las bases, lo que define nuestro estilo de vida, ya están establecidas a esa edad.**

¿Cómo se forma entonces la personalidad y de qué manera influye el orden de nacimiento en nosotros?

Vamos a diferenciar dos términos que no siempre tenemos claros:

La personalidad es la suma de varios aspectos: la personalidad propia de los padres, su estilo educativo, el temperamento del niño (y el de los padres a través de su influencia en la crianza) y la constelación familiar (el orden de nacimiento, el género, la diferencia de edad, etcétera).

Alfred Adler creía que la personalidad se formaba a partir del esfuerzo que hace el ser humano por superarse, por compensar su sentimiento de inferioridad. Ya hemos visto que desde pequeños necesitamos sentir que pertenecemos a la comunidad con la que interactuamos y que podemos contribuir en ella, y buscamos el reconocimiento de los demás. Interaccionamos en función de la realidad que percibimos, pero recuerda que vemos e interpretamos dicha realidad según nuestras creencias y nuestra lógica privada, no como realmente es, y a partir de ahí decidimos cómo actuar. Con esas «gafas» vamos por el mundo y conformamos nuestra personalidad.

Esto es el mencionado «estilo de vida», **un concepto similar al de la personalidad, pero orientado a las metas**. Toda conducta está encaminada a un fin último: la pertenencia. El estilo de vida es la respuesta creativa que iniciaste en tu infancia y que te sirve de guía y orientación. Este tipo de decisiones se toman en los primeros años de vida (Alfred hablaba de los primeros cinco años), antes incluso de tener desarrollado el lenguaje necesario para poner en palabras el conocimiento. Por lo tanto, la finalidad de las acciones es, en ese momento, algo desconocido para la persona. Ahora bien, ¿qué factores contribuyen a formar nuestro estilo de vida? Son tres:

- Condiciones biológicas individuales (enfermedad o discapacidad y temperamento).

- Situación familiar (orden de nacimiento y constelación familiar).
- Estilo educativo de los padres.

Dado el importante peso que tiene el orden de nacimiento en la formación de la personalidad, he dedicado todo un apartado a hablar de él, aun sabiendo que quedan muchas más cosas por explorar, pero empecemos por las más determinantes. Antes de comenzar haremos un ejercicio.

Imagina que tienes que organizar tu fiesta de cumpleaños. Haz una lista de aquellas cosas que consideres que debe haber ese día.

Puedes escribirlo aquí o en una libreta que tengas, como prefieras.

_____

_____

_____

_____

_____

_____

_____

¿Ya la tienes? No te dejes nada. Cuando hayas acabado, sigue leyendo...

Según el orden de nacimiento que ocuparas en tu familia, esa lista será de una forma u otra. Te cuento:

- Si fuiste el primogénito, tu lista incluirá las cosas imprescindibles (número de invitados, regalos, decoración, comida...), pero teniendo muy en cuenta los gastos económicos.
- Si naciste en segundo lugar y después de ti hay otro/s hermano/s, por lo que pasaste a ser el mediano, en tu lista no faltarán los amigos, los hermanos, los familiares...; en definitiva, habrá mucha gente. Seguramente, también haya regalos, juegos y diversión.
- Si fuiste el pequeño, en tu lista estarán las personas que tendrán que hacerse cargo de tu fiesta de cumpleaños, así como de los regalos, la tarta, la piñata, y más tarta, más regalos...

Prueba a preguntar a otras personas cómo organizarían su fiesta de cumpleaños para observar si estas listas coinciden, porque hoy día sabemos que hay más parecido entre personas que ocupan el mismo lugar de nacimiento en diferentes familias que entre los propios hermanos. Es curioso, ¿verdad? Pero, sí, son muchísimos los estudios sobre el orden de nacimiento que respaldan esta afirmación. Ya Adler, en 1927, teorizó sobre cómo **el orden de nacimiento tiene in-**

fluencia directa en la formación de la personalidad, y después fueron muchos los autores que continuaron su teoría llevándola a la práctica y mostrando esta realidad (en mi trabajo de fin de grado pude hacer una pequeña investigación con más de noventa familias y llegué a estas mismas conclusiones).

Podemos hablar básicamente de cinco posiciones:

1. Primogénito o hijo mayor.
2. Segundo hijo o mediano.
3. Hijo pequeño.
4. Hijo único.
5. Posiciones especiales: gemelos y mellizos.

Actualmente, en la sociedad occidental, las familias suelen tener uno, dos o tres hijos, por lo que estos habitualmente fluctúan entre las cinco anteriores posiciones. A su vez, el orden de nacimiento se puede abordar atendiendo a:

- El orden real.
- El orden psicológico, en el que debemos tener en cuenta la diferencia de edad entre hermanos y el género.

Veamos a continuación las características generales de estas cinco posiciones:

1. **Hijo mayor (primogénito)**

   Es el que, al ser el primero en nacer, convierte en padres a la pareja, con todo lo que esto conlleva. Es quien absorbe los miedos de los padres primerizos, pero también capta todas sus atenciones. Los mayores «eligen» las características que más gustan a los padres: responsables, respetuosos, identificados con la autoridad, las normas y los límites. No quieren defraudar y buscan contentar a los padres para que se sientan orgullosos de ellos.

   Son niños que reciben una atención única. Sus primeras veces se recordarán siempre y la atención está garantizada: «Me ven», «Me tienen en cuenta», «Soy importante»..., hasta que llega el segundo hijo. Todas las miradas se giran hacia el bebé recién llegado, y entonces el que hasta ese momento era hijo único se siente destronado y obligado a compartir las atenciones con su nuevo hermano. La manera en que resuelva esta situación dependerá también de la actitud de los padres; si le involucran y lo acogen de manera que ese «desplazamiento» sea menor, lo vivirá de forma más relajada y menos amenazante a su pertenencia. Pero, de lo contrario, puede experimentar odio y rechazo (oculto o manifiesto) hacia su hermano y considerarlo un rival.

   Si lo educaron para la cooperación con otros niños, es probable que adopte actitudes de protección y cuidado imitando el papel de sus padres. Pero si no está preparado para la llegada del hermanito, comenzará su lucha por recuperar su lugar de formas diferentes: buscando la atención, retrocediendo en los logros alcanzados (que lo vuelvan a cuidar, haciéndose pis de nuevo, pidiendo que le den de comer, etcétera). La forma en la que respondan los padres hará que esto sea pasajero o condicione su sentimiento de pertenencia y, a la larga, su estilo de vida. Voy a ponerte un ejemplo: si la madre reacciona de manera hostil, molesta o irascible ante las demandas del primogénito, este puede volverse más crítico, gruñón, colérico, rebelde..., y buscar la atención del padre.

Esta pérdida de lugar hará que muchos de los hijos mayores se orienten más hacia el pasado que hacia el futuro, en un intento de recuperar su posición privilegiada. Algo así como «cualquier tiempo pasado fue mejor». Añorarán el pasado con cierta tendencia al conservadurismo y rigidez en sus elecciones, actitudes y pensamientos.

2. **Hijo menor (pequeño)**

La llegada del segundo hijo a una familia viene a ser una revolución en toda regla. Hay quien dice que es más difícil pasar de uno a dos que de dos a tres, e incluso de tres a cuatro.

El segundo hijo aprende a compartir de manera casi natural. **No sabe lo que es tener a los padres para**

él solo, puesto que ya había otro antes que él. Sin embargo, lo más frecuente es que o bien admire a su hermano mayor o bien intente ocupar su posición.

No es raro encontrar familias en las que, si el mayor sigue las normas y respeta la autoridad, el segundo sea rebelde y retador.

Goza de los privilegios de unos padres más relajados en cuanto a proporcionar cuidados y educar. Las novatadas ya las pagaron con el primer hijo, y esta sutil confianza en la maternidad y la paternidad ya experimentada les permite afrontar sus responsabilidades con más sosiego y menos tensión.

Decía Jane Nelsen que nacer en una familia es como un gran pastel: el primer hijo escoge un trozo de pastel con esas cualidades que más agradan a los padres. El segundo solo tiene dos opciones: o escoge otro trozo de pastel, con otras cualidades, o lucha por arrebatar el pastel del hermano que lo precede. Es habitual que el segundo hijo busque ser el primero en algo por sus propios méritos. Es decir, el primogénito no tiene que hacer nada para que todos recuerden su comunión, su entrada a la escuela primaria, la primera graduación, su primer campamento... El hijo segundo ya no estrena ninguno de esos eventos, por lo que para encontrar su primer lugar tendrá que destacar en algo: ser el más travieso, el primero en desobedecer, en hacerse un chichón... o en apuntarse a escalada.

En un escenario así (explicado de manera muy breve, porque, como te decía antes, hay mucha investigación detrás, en la que no podemos entrar, dada la extensión de este libro) ya te puedes imaginar cómo será la personalidad del segundo hijo en comparación con la del primogénito.

No obstante, también puede ocurrir que si tu primogénito es el que se hace chichones siempre (algo raro, pero podría ser...), el segundo sea el que te sorprenda siendo muy bueno al ajedrez, con el violín, en la lectura. Por otra parte, el orden de nacimiento no es, como veremos más adelante, el único factor que influye en la construcción de la personalidad.

3. **Hijo mediano (niño sándwich)**

Trataré de que no se note mucho que este es el orden de nacimiento que más compasión me genera..., quizá porque de alguna forma yo me siento mediana o niña sándwich en mi familia. Aunque realmente ocupo el puesto de hija pequeña psicológica, como tengo una hermana tres años más pequeña, me quedo con el orden de mediana, que encaja más con mi personalidad hoy día (desde hace cincuenta años).

Como te decía, el niño mediano o niño sándwich me genera a partes iguales ternura, compasión y pena ante su indefensión. Te explico por qué.

Imagina que llegas a una familia en la que tu hermano mayor es el ojito derecho de tus padres, tú lo ves, lo notas, lo sabes... Tu hermano es el primero: primer hijo, primer nieto, primero en hablar, primero en que lo bauticen, primero en ir al cole, primero en... todo. Y llegas tú, tan contento de ser el segundo de la casa... Ay, qué bien, ahora por segunda vez tus padres vuelven a ser padres y van a poder ver cómo es un segundo niño: cómo explora, aprende, camina..., aunque siguen muy entretenidos con el primogénito, que continúa creciendo y haciendo nuevos avances, y siempre los tiene ocupados con «Mira, papi, lo que *sabo* hacer yo solo».

Pero, ay, pobre de ti si, cuando estabas tratando de deslumbrar a tus padres con todos tus nuevos logros, llega un intruso. ¡El tercer hijo! Ahora, sí que sí, las miradas se desvían del todo del mayor y se van al pequeñín, que es tan mono, tan indefenso... Y tú te conviertes en mediano. Y pobre de ti nuevamente si no aprendes a buscarte la vida, porque a tus padres ya no los engañas; ellos ya vieron que su hijo mayor puede salir solito de la bañera, así que tú, con casi tres años, puedes hacerlo de sobra, porque ellos están muy atareados atendiendo al bebé, que ese sí los necesita.

Después, con los años, los padres se dan cuenta de que lo que le exigieron al mediano con dos y tres años no se lo piden al tercero cuando tiene esa edad. En fin, los medianos siempre van a salir perdiendo. Llevan en su mano la bandera de la injusticia, y es que realmente la vida fue injusta con ellos. Crecen sintiendo que deben ser los defensores de las causas perdidas... Podemos decir que los niños medianos **son mucho más independientes porque tienen que buscarse las maneras de sobrevivir y espabilarse.** Por arriba está el mayor, que a veces calma sus celos ninguneándolos, y por abajo, el bebé, que es tan mono y tan indefenso que acapara todas las atenciones y los mimos. Ser el pequeño de dos tiene sus ventajas, pero el pequeño de tres, ¡se ganó la copa! El mediano no se lleva ningún premio: en cuanto a su orden de nacimiento en una familia es el que peor gestiona sus emociones, el que da más quebraderos de cabeza, al que menos entienden... Sin embargo, es un «corazón con piernas». Solo quiere que lo quieran, que le den su lugar... ¡Y es tan difícil para él encontrarlo!

Y tú... ¿eres hijo/a mediano/a? ¿O tienes un niño sándwich en casa?

4. **Hijo único**

Esta te diría que es una de las posiciones más difíciles y a la vez más cómoda del orden de nacimiento. Está claro que no puedes elegir en qué orden naces en una familia, pero lo que sí puedes hacer es seleccionar las características o cualidades que quieres potenciar. Es decir, los hijos únicos tienen la ventaja de no tener que competir con ningún otro hermano que les robe su lugar. No hay hermanos con los que compararse ni con los que los comparen. Adoptan características propias del hijo mayor, pero según «les interese» (todo esto cogido con pinzas y de un modo inconsciente).

En líneas generales y debido a su posición, serán niños a los que les cueste más ponerse en el lugar del otro, desarrollar empatía, compañerismo o lo que significa compartir. Aunque todo esto va a depender en gran parte de la labor que hagan los padres. **Sin embargo, maduran antes y pueden ser más independientes y resolutivos. Tienden a identificarse con alguno de los progenitores y con la autoridad, siendo conservadores y convencionales.** Aunque, insisto, esto depende en gran parte de cómo afronten los padres el nacimiento de su hijo único y el lugar que le den en la familia: con temor, con dedicación, con altas exigencias y expectativas, con libertad...

5. **Situaciones especiales (gemelos y mellizos)**

Las investigaciones han descubierto que **el orden de nacimiento también influye en la construcción de la personalidad en el caso de los gemelos y mellizos.** De alguna forma, los padres de hijos nacidos al mismo tiempo tienen identificado a uno de ellos como el mayor y al otro como el pequeño. Incluso ellos mismos se posicionan en uno de esos órdenes de nacimiento: «Yo soy el mayor», «Sí, claro, pero por un minuto», «Bueno, pero el mayor». La teoría del orden de nacimiento también dice que a medida que nacen más hijos en una familia, el orden se vuelve a repetir. De tal manera que, en una familia de cuatro hijos, el último niño en nacer vendría a desarrollar el orden de nacimiento del primogénito. Es decir, se vuelve a repetir el orden de nacimiento: primogénito, segundo, tercero..., primogénito, segundo...

También hay que tener en cuenta el género y la diferencia de edad entre los hijos. De tal manera que, si el último hijo en nacer se lleva más de seis o siete años con el penúltimo, se le considera hijo mayor o hijo único psicológico. Y tendríamos que ver grandes rasgos para luego identificar las peculiaridades de cada uno: temperamento, estilo educativo de los padres, ambiente, género, momento cultural y económico, etcétera.

No obstante, como ya he señalado, son muchas las variables que influyen en la formación de la personalidad, aparte del orden de nacimiento. Por ejemplo, no es lo mismo ser la única niña en una familia de varones que vive en una ciudad que ser la única niña en una familia que esperaba tener solo hijos varones porque vive del trabajo del mar o del campo, en donde la fuerza física es importante.

A continuación, tienes una tabla que muestra una visión general de los distintos factores que influyen en la formación de la personalidad según el orden de nacimiento.

Orden de nacimiento, situación familiar y características del niño/a

POSICIÓN	SITUACIÓN FAMILIAR MÁS FRECUENTE	CARACTERÍSTICAS DEL NIÑO/A
Hijo único	Es recibido como un milagro por los padres. Es objeto de sobreprotección. Puede rivalizar con uno de los padres y tener problemas.	Le gusta tratar con personas mayores y adoptar los modales y el lenguaje de estos. Puede tener dificultades para compartir con los demás.
Hijo mayor	Es destronado por el siguiente hermano. Los padres suelen tener expectativas muy altas con él. Por lo general, es muy responsable.	Puede volverse muy autoritario o estricto.
Hijo segundo	Siempre hay alguien delante de él, por lo que puede sentir que tiene un rival.	Desea superar al hermano mayor. Puede volverse muy competitivo y excederse con la rivalidad.
Hijo intermedio	Está en una posición intermedia. Puede sentirse relegado en importancia y poder.	Puede tomar una actitud indecisa. Dificultades para encajar. Puede convertirse en un luchador contra las injusticias.
Hijo menor	Sus hermanos adoptan el papel de madres y padres, y los mayores intentan educarlo. Nunca llega a ser destronado.	Desea ser más grande que los otros. Siente temor a desenvolverse fuera de casa y, generalmente, tiene dificultades. Puede estar muy mimado.

POSICIÓN	SITUACIÓN FAMILIAR MÁS FRECUENTE	CARACTERÍSTICAS DEL NIÑO/A
Hijo gemelo	Uno de ellos suele adoptar un papel más fuerte o activo, y los padres lo ven como el mayor.	El más débil puede tener problemas de identidad. El más fuerte suele ser el líder.
Hijo fantasma (arcoíris)	Es el hijo nacido después de la muerte de un hermano anterior. Los padres suelen sobreprotegerlo.	Puede sacar un provecho inadecuado de la sobreprotección o protestar y rebelarse contra la memoria idealizada de los padres.
Hijo adoptado	Los padres intentan compensar la falta del hijo biológico de un modo tan intenso que suelen mimar al niño de manera inadecuada.	El niño puede volverse difícil y exigente. En el futuro puede idealizar o echar en falta a los padres biológicos.
Único chico entre chicas	Puede acercarse más a las niñas cuando los padres no están disponibles.	Intenta demostrar que es el hombre de la familia o se vuelve afeminado.
Única chica entre chicos	Los hermanos varones la suelen sobreproteger.	Puede volverse muy femenina o, al contrario, tratar de hacer las mismas cosas que sus hermanos. Intenta agradar a su padre.
Todos son chicos	Si la madre deseaba una niña, alguno de ellos puede adoptar el papel de niña.	Se comporta intensamente como niña o protesta contra ese papel.
Todas son chicas	Alguna de ellas puede adoptar el papel de niño.	Se comporta intensamente como niño o protesta contra ese papel.

Me gustaría cerrar este capítulo recordando que el orden de nacimiento es un factor más que influye en la formación de la personalidad. No es el único, pero sí tiene una gran parte condicionante. **El orden de nacimiento se convierte en una influencia social en la infancia a partir de la cual se desarrolla el estilo de vida (personalidad).** Es más determinante en la personalidad que la pertenencia a una clase social o incluso que las diferencias genéticas. Los estudios muestran que las personas con el mismo orden de nacimiento tienen más cosas en común entre ellas que con sus hermanos.

Sin embargo, no podemos olvidar que la clave siempre estará en la educación recibida, y que el orden de nacimiento será una variable más que tener en cuenta.

TEMPERAMENTO

¿Sabías que los niños que preguntan todo el tiempo cuánto falta o cuándo llegamos o qué vamos a hacer luego son niños que, hablando del temperamento, puntúan alto en el elemento predictibilidad y necesitan saber qué viene antes y qué pasa después?

¿Sabías que hay niños que si no pueden comer a su hora comienzan a «molestar» o que si no han dormido su siesta se muestran más nerviosos y difíciles cuando se acerca la hora en la que suelen irse a dormir? Esto tiene que ver con la parte del temperamento del ritmo o regularidad.

A continuación, voy a hablarte en detalle del temperamento y del peso que tiene en la crianza de tus hijos. He querido darle un lugar importante, puesto que es un gran desconocido para los padres, pero puede ser un gran aliado cuando sabemos en qué consiste, cómo funciona y cómo afecta a la personalidad de nuestros hijos. Sin embargo, antes de explicarte qué es el temperamento, te propongo hacer este ejercicio para que puedas averiguar primero cómo es tu temperamento:

Imagina que eres una niña pequeña y que estás en casa mientras tu madre está planchando. Te has quedado encerrada en el baño sin querer y, por mucho que lo intentas, no puedes abrir la puerta. Apenas llegas al pomo, lo giras una y otra vez, pero no se abre. Ahora piensa, ¿qué harías?

- Llamas a tu madre gritando con todas tus fuerzas y golpeando con rabia la puerta.
- Llamas con calma a tu madre para que acuda.
- Comienzas a llorar con desconsuelo.

- **Buscas una solución: un taburete que te permita llegar mejor al pomo, usas la toalla para que no se te escurra el pomo...**
- **Te sientas en el suelo y te pones a jugar con los botes de champú y tus juguetes del baño.**

La reacción que tienes está relacionada con varios factores: con tu necesidad de salir de esa situación, con las experiencias previas, pero también con tu temperamento (algo que viene determinado genéticamente y que veremos a continuación). Así, un niño tranquilo, cuando es alimentado siendo bebé, tendrá sus necesidades de hambre satisfechas y podrá dormir plácidamente, mientras que otro con un temperamento más activo no se calmará y necesitará más atención. Y aquí un dato importante: la manera de responder de los padres también condicionará la nueva respuesta del bebé; una madre insegura o ansiosa tendrá más dificultad en calmar al bebé que una segura de sí misma y tranquila.

Junto con el concepto de temperamento, tenemos que hablar de otros dos que muchas veces confundimos, pensando que son lo mismo: el carácter y la personalidad.

- El temperamento hace referencia a la parte genética, biológica y afectiva.
- El carácter es el «sello» de una persona, algo que la distingue o caracteriza.

- La personalidad es la mezcla de la percepción, la motivación, la cognición, la emoción y la acción.

El temperamento no tiene una definición clara, los autores ni siquiera se ponen de acuerdo sobre cuántos tipos hay (algunos hablan de dos, otros de cuatro, otros de siete y hay quien incluso distingue nueve tipos de temperamento). Aun así, el temperamento se podría definir como el estilo conductual o la reacción emocional de una persona cuando se relaciona con su ambiente. En otras palabras: **es una característica básica de regulación de las conductas**.

El temperamento es relativamente estable, ya que es una diferencia innata desde el momento del nacimiento y, por tanto, permanece a lo largo de toda la vida de la persona. El ambiente puede hacer que se modifique de forma parcial, pero la base permanece estable para siempre. El temperamento comprende los componentes de la personalidad que son heredados y permanentes.

Teorías acerca del temperamento

Ahora, en las siguientes páginas, voy a explicarte algunas de las teorías más relevantes sobre el temperamento.

En la Antigüedad, los médicos griegos Hipócrates y Galeno hablaron del temperamento. Hipócrates propuso la teoría de los humores y la influencia que estos ejercían en la personalidad, pero fue Galeno quien desarrolló dicha teoría. Según estos dos autores clásicos, hay cuatro tipos de temperamento (humores), y es la cantidad y el equilibrio de los humores en el cuerpo humano los factores que determinan el temperamento del individuo. Estos cuatro tipos de humores están directamente relacionados con los cuatro elementos básicos: aire, agua, tierra y fuego:

1. Sanguíneo (vinculado al elemento aire): tiene un humor cálido y variable. Personas de gran entusiasmo y actividad.
2. Melancólico (vinculado a la tierra): propio de personas tristes y soñadoras.
3. Flemático (vinculado al elemento del agua): son personas que tardan en tomar decisiones y se muestran apáticas y frías.
4. Colérico (vinculados al fuego): asociado a quien tiene un humor fuerte, sentimientos impulsivos y gran irritabilidad.

Hoy día esta teoría de los humores está desfasada y desactualizada. Solo la usó Eysenck, a quien le sirvió para desarrollar su terapia de la personalidad. Él hablaba de tres dimensiones básicas:

- Introversión/extroversión
- Psicoticismo o dureza
- Estabilidad mental/neuroticismo

Los doctores Stella Chase y Alexander Thomas hablan de dos temperamentos, el pasivo y el activo, que son característicos para toda la vida. Por ejemplo, si tu temperamento es pasivo, este es un rasgo de carácter que tendrás siempre, aunque podrás entrenarte en un comportamiento menos pasivo.

Buss y Plomin hablan de tres temperamentos: emocionalidad (excitación de emociones negativas), actividad (tempo y perseverancia) y sociabilidad (apego y responsabilidad).

Pero otros autores encuentran hasta nueve elementos del temperamento, y estos son los que quiero compartir contigo ahora, porque, si los identificas (y en ti mismo), te van a evitar más de un quebradero de cabeza. Verás que aparecen en distinto grado e intensidad en tus hijos. Al final del libro encontrarás un pequeño test (pág. 218) que te ayudará a identificarlos mejor para entender por qué tu hijo hace lo que hace o por qué necesita lo que necesita.

Los nueve elementos del temperamento son:

- **Nivel de actividad.** Se refiere al nivel de actividad motora y la proporción de periodos activos o inactivos. Un niño muy movido o que no para quieto no es malo o quiere cansar a sus padres, simplemente está siendo la persona que es.
- **Ritmo o regularidad.** Alude a la previsibilidad de las funciones biológicas (hambre, sueño, etcétera). Comprender la regularidad puede ayudarnos a planificar el horario del niño y minimizar así los conflictos.

- **Cualidad del humor.** Hay niños que encuentran inconvenientes en todo, mientras que otros reaccionan a la vida con placer. Se trata de la tendencia de algunos niños a un humor más serio, triste, apagado, dubitativo, negativo, crítico..., frente a otros más alegres, fluidos, espontáneos, vivos o positivos.

- **Adaptabilidad.** Manera de reaccionar ante una situación nueva a lo largo del tiempo, capacidad de ajuste y de cambio.

- **Intensidad de la reacción.** Entender que los niños reaccionan con distinto grado de intensidad a los estímulos puede ayudar a gestionar sus comportamientos con más calma.

- **Facilidad de distracción.** Manera en la que los estímulos externos interfieren en el comportamiento del niño y su voluntad (o la falta de ella) para distraerse.

- **Persistencia y capacidad de atención.** Voluntad del niño de insistir en una actividad a pesar de los obstáculos o dificultades que tenga. Es importante tener esto en cuenta para evitar, por ejemplo, diagnosticar a todo niño con poca capacidad de atención y constancia de un trastorno de déficit de atención e hiperactividad (TDAH).

- **Reacción inicial.** Su forma de reaccionar ante una situación nueva (alimentos, juguetes, personas...). Puede hacerlo con expresiones (llanto, palabras, gestos) o con actividad (salir corriendo, escupir el alimento).

- **Umbral o respuesta sensorial.** Hace referencia al nivel de sensibilidad a estímulos sensoriales y afecta a la manera de comportase y de ver el mundo. En algunos casos, el cerebro del niño puede presentar dificultades para integrar la información sensorial. El tiempo y la experiencia serán claves para conocer la sensibilidad de tu hijo.

RECUERDA

El temperamento está relacionado con diferentes aspectos de la conducta.
Surge en la infancia y va marcando una futura personalidad.
Es relativamente estable en el tiempo.
Y puede modificarse por el entorno o las prácticas educativas de los padres.

ALGUNAS HERRAMIENTAS PRÁCTICAS DE LA *disciplina positiva*

Hoy día hay más de cincuenta y dos herramientas de disciplina positiva. Pero voy a explicarte las seis que considero más esenciales y por las que deberías empezar si quieres instaurar la disciplina positiva en tu hogar o en tu aula. Recuerda que tienes las tarjetas de herramientas de Jane Nelsen coeditadas y actualizadas a una versión más práctica y moderna en nuestra página web infanciaenpositivo.com.

Veamos, pues, las seis herramientas de la disciplina positiva que he seleccionado.

CONEXIÓN ANTES QUE CORRECCIÓN

En mis formaciones siempre insisto mucho en la importancia de conectar primero antes que intervenir sin más. Es decir, dejamos a un lado la urgencia, el querer solucionar a toda costa el problema, y recabamos la información suficiente; a veces basta con una mirada, una respiración o conectar a través del contacto físico; este es un primer paso imprescindible. Cuando no hay conexión, nada de lo que venga después va a funcionar. La conexión es la clave de todo en la vida, aunque no lo único que nos puede ayudar a marcar una gran diferencia.

Pero ¿qué significa conectar? Es un conjunto de habilidades y estrategias que debemos poner en marcha cuando nos relacionamos con nuestros hijos (y con cualquier persona en general) y que implica empatía, escucha, entendimiento, comprensión, calma y compasión.

Conectar es ponerse en la piel del otro, no adelantarse ni interpretar lo que está diciendo, sino mirar con ojos buenos, con el deseo de conocer, de saber, de comprender, y desde ahí, intervenir.

Hemos de conectar antes de corregir, aunque lo que nos sale de manera automática es hacer la corrección, dominados por la impulsividad, las prisas, la incomprensión...; es decir, por todo aquello que es opuesto a la conexión.

Te contaré el caso de Marta, una niña de cinco años, que nos ayudará a darnos cuenta de cómo debemos actuar ante determinadas conductas de nuestros hijos.

Marta sale del colegio con cara de pocos amigos, llega hasta donde está su madre y le tira la mochila a los pies. Su madre inmediatamente reacciona: «Marta, ¿estás tonta o qué te pasa? ¿Desde cuándo se tiran las mochilas? ¿No valoras nada de lo que tienes? No te preocupes, que a partir de ahora vas a ir con los libros en la mano, y despídete de ver la tele cuando lleguemos a casa».

¿Y qué le responde entonces Marta? «Eres tonta, mamá. Sí voy a ver los dibujos. Quiero ver los dibujos...», y acaba llorando.

De repente, la madre de Marta siente que está en una especie de pesadilla y se pregunta: «Pero ¿qué ha pasado? ¿Cómo hemos llegado a esto? ¿Es una niña malcriada que lo tiene todo? ¿Es que no soy suficientemente firme y no he sabido enseñarle a respetarme?».

Pues ¡nada más lejos de la realidad! Lo que ha ocurrido es que se ha perdido la conexión y se ha actuado desde la corrección. Veamos este mismo caso, pero respondiendo con esta herramienta de disciplina positiva: conexión antes que corrección.

Marta sale del colegio con cara de pocos amigos, llega hasta donde está su madre y le tira la mochila a los pies. Su madre inmediatamente reacciona: «Marta, ¿qué ha pasado? Debes de estar muy enfadada para tirar así la mochila. Ven, anda, cuéntame qué te ha pasado mientras recoges la mochila. Espero que no se te haya roto nada». Lo que puede ocurrir en este caso es que Marta rompa a llorar, se abrace a su madre y le cuente que dos amigas la han ignorado y ha estado sola todo el recreo...

Cuando los padres reaccionamos impulsivamente, nos perdemos mucha información y, además, actuamos teniendo solo en cuenta la conducta de nuestros hijos, que ya sabes que es la punta del iceberg, y no llegamos al quid de la cuestión; en este caso, lo que ha llevado a Marta a tirar la mochila a los pies de su madre. Corregir significa no ver más allá de la conducta, mientras que la conexión nos permite ver la razón oculta tras el comportamiento.

La conducta es la solución que busca un niño a un problema que no vemos.

En la mayoría de los casos, cuando conectamos primero, la corrección viene sola. Si te fijas, en el caso anterior, lo que ocurrió fue que Marta, al sentirse entendida y acogida por su madre, ya no necesita mostrarle con su conducta lo dolida que está, sino que puede sacar sus emociones y permitir que su madre la acompañe. Cuando uno se siente reconocido, quiere contribuir, y eso significa aportar, hacer lo correcto... Recoger su mochila, reparar el error y disculparse por la reacción impulsiva. **Recuerda: cuando conectamos primero, deja de ser necesaria la corrección.**

Te pongo otro ejemplo, Luis, de ocho años, llegó del colegio y le dijo a su padre que lo habían suspendido y que seguramente el profe le tenía manía. El padre, que ya sabía bastante de disciplina positiva, no dijo nada, lo miró a los ojos, puso su mano sobre los hombros de Luis y asintió con la cabeza esperando la respuesta de su hijo. Este de forma inmediata le dijo: «Bueno, es verdad que podría haber estudiado más...», y el padre continuó con un «Ajá, ¿eso crees?», a lo que Luis respondió: «Sí, papá, ya lo sé, al final no me organicé bien, pero te prometo que para el próximo examen voy a empezar a estudiar antes». Entonces su padre le ofreció su ayuda: «Vale, me parece buena idea. Podemos además planificarnos un tiempo de estudio juntos y te ayudo».

Piensa que, cuando los hijos nos cuentan algo que ya ha sucedido, enfadarnos no es la solución, porque no va a cambiar nada. Sin embargo, enfocarnos en el futuro y pensar juntos nuevas estrategias sí ayudará a evitar cometer el mismo error.

Dice un refrán que «Si vas a cometer errores, asegúrate de que sean nuevos». Que viene a ser lo mismo que decir que cometer errores es de humanos, y la clave está en aprender de ellos, no en evitarlos a toda costa o lamentarse.

ALENTAR VERSUS ALABAR

Esta segunda herramienta de disciplina positiva es una de las que más usamos los psicólogos adlerianos durante las sesiones. En la mayoría de los casos, esta es la única intervención que hacemos, y ya es mucho, porque alentar es todo un arte (ya estás viendo que la crianza tiene más de amor que de método) y no es tan sencillo como parece.

«Un niño necesita aliento, como una planta necesita agua para crecer».

R. Dreikurs

Alentar, además, crea un sentido de conexión antes de la corrección, y ya hemos visto qué importante es conectar cuando queremos cuidar las relaciones. Y es que, cuando alentamos a un niño, la mala conducta desaparece. Recuerda que un niño que se porta mal, que tiene conductas que no gustan al adulto, es un niño en el que hay desaliento y que convive con el sentimiento de no ser suficiente.

Te comparto diez consejos para dar alientos transformadores. Pero, por supuesto, la práctica será imprescindible para hacer el resto:

1. Párate y respira: no tengas prisa en reparar o decir la frase perfecta. Escucha y muestra que lo estás haciendo con tu mirada.
2. Honestidad. ¿Y si estuvieras en sus zapatos?, ¿cómo te sentirías? Una vez que hayas empatizado con él, hazle saber que entiendes cómo debe de sentirse.

3. Busca solo enfocarte en lo que sabes que va a ayudar. No refuerces lo negativo o lo que debe evitar. Ayúdalo a tener su cerebro centrado en lo positivo para que sepa hacia dónde dirigir su energía.

4. Hoy día sabemos que las emociones se contagian. Si la persona es insegura, verte a ti confiado hará creerse más capaz de lograr su objetivo.

5. Como decíamos antes: sé sincero. Realmente, estás interesado en sumar y ser de ayuda.

6. Remarca que lo que pasó tiene que ver con su conducta y no con su persona. No estamos buscando el cambio en cómo es, sino en qué y cómo lo hace.

7. El aliento permite reencuadrar la situación, es como si viéramos la escena desde otra perspectiva, y esto ya es esperanzador.

8. Alentar exige ser creativo. Como se suele decir, implica «salirte de la caja», de los patrones establecidos. Busca nuevas formas e ideas.

9. No existe un manual que te enseñe a alentar a tu hijo o a otras personas, se requiere tener en cuenta todo lo dicho anteriormente para que lo que digas sea sincero y adecuado en cada caso.

10. Menos es más. No más de diez palabras. El cerebro ama lo concreto y sencillo. Así ayudamos a la persona a poder interiorizar el mensaje y hacerlo suyo sin esfuerzo.

Anabella Shaked, psicoterapeuta adleriana, completaba este listado con un ejemplo. Muchas madres dicen cosas como «¡Qué mala madre soy!». Una respuesta estándar sería: «Todos cometemos errores»; un aliento trasformador podría ser: «Uy, eres la madre un millón quinientos mil que dice eso hoy».

A continuación, te dejo una breve tabla que resume lo que acabamos de explicar e ilustra la diferencia entre aliento y alabanza.

ANIMAR/ALENTAR	ALABAR/ELOGIAR
Inspirar con valor. Alentar: estimular.	Expresar juicio favorable de una expresión de aprobación.
Autoevaluación.	Evaluación por terceros. Provoca adicción a la aprobación.
Se dirige a la hazaña (aprecio, respeto).	Se dirige a la persona.
Empatía: «¿Qué piensas y sientes? Puedo ver que te gustó...».	Conformidad: «Lo hiciste bien. Estoy tan orgulloso de ti».
Autorrevelación (mensajes en primera persona).	Mensajes críticos en persona: «Me gusta cómo estás sentado».

ANIMAR/ALENTAR	ALABAR/ELOGIAR
Hace preguntas.	Enunciados con «debería»: «Deberías estar tranquilo como...».
Efecto: sentir que vale la pena sin la aprobación de otros. Autoconfianza, autoestima.	Efecto: sentir que vale la pena solo cuando otros lo aprueban. Dependencia de los demás.

Y ahora que ya conoces un poquito más sobre el aliento, déjame que te cuente cómo lo puedes aplicar desde la disciplina positiva y en qué se diferencia del elogio.

Ejemplos de elogio versus aliento:

- Elogio: «¡Qué buen niño eres!».
- Aliento: «Gracias por tu ayuda».
- Elogio: «¡Qué orgullosa estoy de ti!».
- Aliento: «Te esforzaste mucho, debes sentirte muy orgulloso de ti».

Alentar a tus hijos tiene grandes ventajas a corto y largo plazo: los ayuda a formar una sana personalidad y una fuerte autoestima. El elogio o alabanza es algo que aprendimos de pequeños, aunque raramente recibíamos cumplidos por parte de nuestros padres; lo que imperaba, tiempo atrás, era alabar cualquier acción y en consecuencia premiarla o castigarla.

«Qué bien lo has hecho».

«Qué niño tan bueno».

«Siempre lo haces como te pido, toma un caramelo».

¿Te suenan estas frases? Todas ellas son alabanzas y están vacías de contenido, se enfocan en la persona que te valora y aprecia, y que decide si mereces ese elogio o no. Cada vez que nuestra hija viene ilusionada y nos muestra su último dibujo y dice: «Mami, mami, ¿te gusta?», ¿qué decimos los padres? «Sí, me gusta mucho, es muy bonito». Sin darnos cuenta, este elogio alimenta la búsqueda de aprobación. Y, además, no da lugar a mucha más interacción: me gusta, es bonito y eso es todo. Aquí acaba nuestra conversación...

¿Cómo lo haríamos desde el aliento? Ante la pregunta de nuestra hija de si nos gusta su dibujo, responderíamos: «¡Ay, veo que has elegido el rojo y el azul! Cuéntame más sobre tu pintura», «Gracias por mostrármelo. ¿A ti qué te parece? ¿Te sientes orgullosa de tu pintura?». O quizá le dirigiríamos una mirada, le pondríamos una mano en la mejilla o le daríamos un beso, sin añadir nada más. Aquí estamos poniendo el foco en el niño, no en el juicio del adulto.

HACER Y MANTENER ACUERDOS

Dado que la disciplina positiva se enfoca en las soluciones y en enseñar a los niños habilidades para la vida, esta herramienta no podía faltar.

Si tus hijos aún son pequeños (menos de siete años), hacer y mantener acuerdos te resultará difícil, pero, si desde este momento les transmites esta idea, tendrás mucho camino adelantado cuando lleguen etapas más duras y complicadas. Por un lado, llegar a acuerdos puede ser difícil inicialmente, puesto que venimos de una educación en la que se impuso el orden por la fuerza: «En esta casa se hace lo que yo mando»; «Cuando estés en tu propia casa, podrás hacer lo que quieras»... (Bonita trampa en la que caímos... ¿Cuántos de aquí somos padres y hacemos lo que queremos...?). Por tanto, no estamos muy entrenados para negociar y llegar a conclusiones conjuntas que favorezcan a todos los miembros de la familia.

Y, por otro, cuando empezamos a practicar el negociar, nos damos cuenta de que no sabemos conseguir que se cumplan los acuerdos ni mucho menos que se mantengan.

A la hora de utilizar esta herramienta de la disciplina positiva, tienes que tener en cuenta los siguientes pasos:

- Busca un momento tranquilo en el que poder sacar el tema que necesite ser acordado.
- Permite que todos puedan aportar sus ideas, emo-

ciones o preocupaciones sobre ese tema, así como propuestas para solucionarlo.

- Anota todas las ideas que surjan, no importa lo disparatadas que sean. Se escriben todas como lluvia de ideas para después pasarlas por el filtro de las tres erres: 1. Respetuoso para el niño. 2. Respetuoso para el adulto. 3. Respetuoso para la situación.

- Añade un plazo para llevar a cabo la opción elegida y acuerda hacer su seguimiento para supervisar y comprobar si funciona o si hay que volver a revisar la lista de ideas para escoger una opción más adecuada.

- En caso de que el acuerdo no se cumpla, simplemente hay que recordar: «¿Cuál era nuestro acuerdo?», evitando el juicio y la crítica.

- Si, aun así, el acuerdo sigue sin cumplirse, volvemos al primer paso y establecemos consecuencias. ¿Conoces la diferencia entre consecuencias y castigos?

RUTINAS

Hace tiempo descubrí el gran valor que tienen las rutinas en la crianza, sobre todo con niños pequeños. Sin embargo, también aprendí que es necesario definirlas muy bien porque, en mis años de madre (más de quince ya) y en mi práctica profesional (más de veinticinco años), he visto cómo, mal entendidas, las rutinas pueden ser peligrosas y hasta perjudiciales. Una rutina siempre debe estar al servicio de la familia, no a la inversa. **Es decir, las rutinas sirven para darnos seguridad, límites, estructura, orden... Pero nunca deben estar por encima de una necesidad real o de un imprevisto.**

Te pongo un ejemplo. Una rutina consiste en acordar con tus hijos cómo organizar las tardes en casa: un ratito de juegos, luego recogemos, después baño, cena, cuento y a dormir. Esto así organizado ayuda a que los niños puedan saber qué va antes y después, y facilita el aprendizaje por asociación. Al mismo tiempo, nos ayuda a los padres a tener más claro los tiempos, las actividades, qué podemos esperar de nuestros hijos y cómo planificar las horas. Hasta aquí todo bien, pero ahora imagina que una tarde cualquiera viene la madre de tu marido a casa..., tu suegra, para más detalles (aunque este ejemplo vale con cualquier visita, te digo la suegra porque a veces esta es la clave de lo que ocurre a continuación), y entonces te dan las tantas con la visita y caes en la cuenta de que te estás saltando la rutina... ¡Las ocho de la noche y los niños sin bañar! Horror, entras en pánico y empiezas a pensar: ya verás ahora para dormirlos, para ponerles el pijama, para que cenen... Y quizá todos esos pensamientos se hagan realidad y termines diciendo: «¿Ves? Yo tenía razón». Y quizá hasta discutas con tu marido:

—Jo, vaya horas a las que se ha ido tu madre... y los niños sin bañar.

—Ya, no pasa nada.

—Bueno, algo pasa, les va a costar dormirse, y verás tú mañana para levantarse.

—Tampoco es para tanto, para un día que viene.

—Ya, eso dices..., pero un día por otro los niños no se van a la cama a su hora y sus horas de sueño son necesarias para su descanso y crecimiento.

—¡Jolín, cómo te pones por un día que viene mi madre! Ya sabes que le gusta ver a sus nietos...

—Si yo no digo nada, pero también podría venir otro día, que ahora se me junta todo y me toca a mí la paliza de dormirlos.

—Vale ya me encargo yo.

—Sí, tú... Si lo haces tú, se ponen todavía más alterados.

—Vale, contigo siempre igual: o es a tu manera o a la de nadie.

—Pero ¿qué dices? Eso a cuento de qué viene ahora.

En fin, que podría seguir reproduciendo este diálogo porque lo he visto en muuuchas sesiones de padres, tantas que me han acabado diciendo: «Oye, pero ¿tú tienes cámaras en mi casa?». Y no, no tengo cámaras, pero llevo muchos años estudiando a los seres humanos, a las parejas, a las familias y es psicología de primero de carrera.

¿Y por qué ocurre esto? Porque **se nos olvida flexibilizar**, la rutina no puede condicionar nuestra vida hasta el punto de que provoque un disgusto o, aún peor, un divorcio.

A continuación, he seleccionado algunas pautas sencillas para empezar a incorporar las rutinas en casa (recuerda que tienes más información en la web infanciaenpositivo. com):

- Elabora las rutinas con tus hijos. Adáptalas a su edad. Si son muy pequeños y aún no escriben y leen, puedes usar dibujos, imágenes de revistas, pegatinas... Si son aún más pequeños, crea las rutinas para ti. Te servirán para darte calma y tranquilidad. Si sabes lo que viene antes y lo que viene después, te sentirás más calmado y centrado en el resto de las actividades, será algo de lo que despreocuparte y liberar tu mente. Si tus hijos ya tienen más de cinco o seis años, puedes hacerlas con ellos perfectamente, disfrutar del proceso y hacerlos partícipes. Será la mejor forma para que la rutina se cumpla y para que ellos, al implicarse, sientan que no es algo impuesto, sino elegido.
- De esta forma tus hijos sentirán que es la rutina la que manda y no tú. Y esto es significativo, porque te vas a liberar de muchas luchas que empiezan por «No pienso hacer lo que tú mandas», ya que podrás contestar a tus hijos: «Cariño, no mando yo, manda lo que habíamos acordado, ¿recuerdas?».
- Y lo más importante: no caigas en la tentación de acompañar la rutina con algún tipo de recompensa o premio que vaya más allá de la propia satisfacción personal de haber logrado seguirla. A corto plazo,

pueden darte la falsa sensación de que funcionan. «Cariño, si haces la cama antes de ir al cole, te compraré unos cromos el fin de semana». Esto solo hace que el niño se enfoque en el premio, en el desenlace, en lo que va a conseguir, y no en hacerse responsable, capaz y autónomo, y sentirse satisfecho consigo mismo. Además, el premio motiva un tiempo, pero luego acaba por hacer que el niño quiera más (eso que le ofrecíamos al principio ya no es suficiente, es parecido a cómo funciona la tolerancia en las adicciones...) y anula toda motivación interna (lo hace por conseguir algo a cambio). ¿Y qué hacemos si el niño hace su cama el lunes, el martes, el miércoles y el viernes..., pero no el jueves? ¿Igualmente le damos el premio? ¿Nos enfocamos en el proceso o en el resultado? ¿Y qué mensaje le transmitimos al niño? «No estoy teniendo en cuenta los días que has hecho la cama, sino más bien el día que no la hiciste».

Dar una recompensa a un niño por seguir correctamente una rutina anula su sentimiento interno de logro.

SER CONSISTENTE

«Decide lo que harás y sé consecuente», a lo que yo añadiría: ¡¡¡Y consistente!!!

Ser consecuentes ayuda a los padres a entender cuánto vale decidir lo que ellos pueden hacer, en lugar de obligar a que sus hijos lo hagan. Tras esta decisión, harán seguimiento con firmeza amable.

Vamos con un ejemplo: muchos padres están más ocupados en controlar los comportamientos de sus hijos que los de ellos mismos. De esta forma, se pasan el día diciéndoles lo que deben o no deben hacer, y los hijos ahí pueden obedecer o desobedecer. No hay más opciones. Puedes evitar sentir que estás entre la espada y la pared sustituyendo ese control por ejercer una mayor influencia. Cuando venimos de estilos educativos en los que el control («Yo te digo lo que debes hacer y tú obedeces») era la base de la educación, nos resulta difícil hacer el cambio: primero, porque no contamos con las herramientas y, segundo, porque tendríamos que pararnos a pensar si realmente queremos hacer ese cambio.

Decidir lo que harás y ser consecuente sería, por ejemplo, lo que hizo una madre al darse cuenta de que la hora de la comida se estaba convirtiendo en todo un reto para ella. Les había pedido a sus hijos en varias ocasiones que en la mesa tenían que estar tranquilos, no jugar y mucho menos lanzarse comida. Pero los niños, lejos de hacer caso, se lo tomaban como algo gracioso que los divertía mucho. Ella acababa amenazándoles con retirarles el plato y mandarlos a su cuarto. A veces, cogía al mayor del brazo y lo llevaba medio a rastras a su habitación, pero el castigo no tenía mucho éxito, puesto que el niño lloraba, y como la madre se sentía mal, el niño volvió a la mesa entre lágrimas. A veces, esto era necesario para que los lanzamientos de pan parasen, pero el sentimiento que le quedaba a esta madre era de tristeza; había convertido la hora de la comida en un momento de tensión, de enfado y frustración. Sus hijos ya no se reían.

Hasta que un día decidió probar esta herramienta de disciplina positiva: «**Decide lo que tú vas a hacer, en lugar de lo que vas a obligar que tu hijo haga**». Se dio cuenta de que a sus hijos les gustaba comer con ella, que disfrutaban de ese rato contando cómo les había ido en el colegio, así que el día en que uno de ellos iba a lanzar el pan les dijo: «Chicos, ya os he dicho en otras ocasiones que no está bien jugar con la comida, tirarla al suelo, lanzar el pan... Las otras veces os he regañado y amenazado, pero me he dado cuenta de que no es lo que quiero y no lo voy a hacer más. Sé que sabéis lo importante que es para mí valorar lo que tenemos y yo no voy a quedarme en la mesa si veo que os lanzáis la comida, así que, si lo hacéis, me levantaré e iré a comer a otro sitio». Por supuesto que uno de los niños al día siguiente hizo el amago de lanzar pan, pero el hermano mayor lo reprendió: «Para, que mamá dijo que se marcharía si tirábamos comida». Y así se acabó el problema del lanzamiento de pan.

REUNIONES FAMILIARES

Esta es una de las herramientas que más me gustan de la disciplina positiva, la que más he puesto en práctica en mi familia y he recomendado en mis talleres y formaciones.

Cuando me certifiqué como educadora de disciplina positiva en 2017, quedé prendada de las bondades de esta herramienta, aunque yo creo que, más que una herramienta, es una lógica fundamental del funcionamiento familiar. Algo tan sencillo como reunirnos para hablar, decirnos cosas bonitas, buscar soluciones, llegar a acuerdos y planificar actividades juntos.

Además, durante las reuniones familiares los niños tienen la oportunidad de desarrollar muchas habilidades valiosas para la vida: respeto, empatía, acuerdos, ceder, planificar, escuchar, esperar…, y sobre todo sentir que pertenecen a la familia y que pueden contribuir.

La verdad es que no le encuentro fallos a las reuniones familiares. Bueno, si lo pienso detenidamente, sí haría un aporte personal: no seguiría al pie de la letra las recomendaciones que propone la disciplina positiva para esta herramienta, al menos en España. Por experiencia, he comprobado que las familias españolas son más flexibles y disfrutan más del momento y no tanto de seguir unos pasos concretos. Por eso voy a contarte cómo hago yo las reuniones de familia y cómo te recomiendo que las hagas, al menos al principio, hasta que te habitúes a ellas.

1. Las reuniones familiares se hacen una vez a la semana, pero puedes llevar a cabo las que consideres o las que tu familia demande.

2. A los niños menores de cuatro años les costará seguir la estructura, así que no te recomiendo que las hagas con ellos, aunque está bien que estén por allí

viendo cómo son para estar más preparados cuando llegue el momento.

3. No se obliga a ningún miembro de la familia a estar presente es algo voluntario. Quien no quiera estar no tiene por qué hacerlo, pero eso sí, lo que se decida en esa reunión afectará a todos los miembros de la familia, da igual si asistieron o no.

4. Si tus hijos aún son pequeños, no desaproveches la oportunidad de hacer estas reuniones convirtiéndolas en reuniones de pareja. Te aseguro que será una inversión a largo plazo para tu relación y la familia.

5. Elegid el día de la semana en el que vais a tenerlas y, en la medida de lo posible, comprometeros a celebrarlas el mismo día y a la misma hora. Ese ratito de reunión no debe durar más de quince o veinte minutos porque, aunque al principio parezca que todo va como la seda, a la larga empezamos a pensar que nos roban mucho tiempo y dejamos de hacerlas. Es muy bonito que tus hijos oigan que este momento es de vuestra familia sin interrupciones.

6. Hazte con un cuaderno o agenda bonita en donde anotar todo lo que pase en las reuniones. Comenzar con apreciaciones o agradecimientos (Jane Nelsen dice que hay que tener cargos como un secretario que controle el tiempo, un presidente que convoque la reunión, etcétera, así como el bastón de la palabra). Tampoco es obligatorio que todos hagan una

apreciación, pero sí resulta recomendable. De hecho, en las primeras cinco reuniones, yo solo haría cumplidos y acabaría con una actividad familiar.

7. Durante la semana, apuntad en la agenda los temas que queráis tratar el día de la reunión. Es maravilloso ver cómo tus hijos registran aquello de lo que quieren hablar y cómo los problemas se trasforman en retos a los que buscar soluciones entre todos.

8. El día de la reunión se revisa la agenda para ver qué tema estaba apuntado y se comienza a conversar sobre ello para encontrar una solución consensuada. Por ejemplo, cómo organizamos las vacaciones escolares. Para ello hacemos como en otras situaciones: una lluvia de ideas, las cuales luego se someten a las tres erres (1. Respetuoso para el niño. 2. Respetuoso para el adulto. 3. Respetuoso para la situación).

9. La reunión se termina planificando una actividad en familia que haremos el día acordado en esa semana y otra para realizar todos juntos en ese momento como cierre de la reunión, algo sencillo, no tiene por qué ser nada complicado ni que robe mucho tiempo. Por ejemplo, una guerra de cosquillas, escuchar música, bailar una canción, poner la mesa entre todos, etcétera.

Dado que ya hemos dicho que, aunque afecte a todos los miembros, la participación es voluntaria, en caso de que alguien no quisiera asistir (o no pudiera), quedarán recogidos en la agenda de la reunión familiar todos los temas tratados. Durante la semana, esa persona puede consultar la agenda o pedir alguien le explique de qué se ha hablado.

Estos serían los puntos básicos. Te animo a profundizar más sobre las reuniones familiares en el libro de Jane Nelsen *Cómo educar con firmeza y cariño* y en mi web infanciaenpositivo.com.

RECUERDA

- Las reuniones familiares ayudan a generar momentos de familia duraderos. «En nuestra casa se tenían en cuenta nuestras opiniones».
- Crean recuerdos que perduran en la memoria sobre el tiempo en familia, la conexión y la pertenencia.
- Mantenlas en el tiempo, apenas unos veinte o veinticinco minutos una vez a la semana, pero no te las saltes. Tenlas como una rutina familiar.
- Instáuralas como una tradición vuestra.
- Muestra a tus hijos las habilidades que quieres que aprendan y practiquen participando en las reuniones.

EDUCAR CON DISCIPLINA *positiva*

Como el objetivo de este libro es que empieces a poner en práctica todo lo aprendido y compruebes por ti mismo si se adapta a tu estilo de vida, a tu familia, a tus valores, a tus necesidades, te propongo un reto crucial: pasar un día con disciplina positiva y ver la diferencia de no hacerlo. Solo veinticuatro horas. Así podrás aplicar en tu hogar las herramientas de disciplina positiva que te he enseñado y quedarte con las que más te gusten tras descartar las que no te hacen sentir bien o no te representan.

Si al acabar este día con disciplina positiva sientes que esto no es para ti, escríbeme y cuéntame qué ha pasado. Me ayudará mucho saberlo. Y si crees que sí va contigo, que te ayuda, que es lo que quieres implementar en tu casa, pero te parece difícil, escríbeme también y cuéntamelo para que juntos valoremos otras soluciones. Recuerda que...

... se trata de solucionar los retos de la vida (de la crianza) disfrutando de la maternidad/paternidad.

¿Acaso no es lo que deseábamos cuando decidimos convertirnos en madres o padres, pero no imaginábamos lo duro que podía ser?

EMPEZAR EL DÍA

Las ocho de la mañana. Los niños no salen de la cama y empiezas a preguntarte si fue buena idea dejarles dormir más, si anoche no tendrían que haber visto ese capítulo («Porfi, mami, solo uno más, porfi, porfi»). Todos estos pensamientos pasan fugaces por tu mente mientras organizas el desayuno, preparas la ropa, recoges la cocina y vas y vienes de una habitación a otra rogándoles que se levanten ya, porque si no llegaréis tarde... ¡Y todo esto cuando solo está empezando el día!

Bien, tranquilo, empecemos a aplicar la disciplina positiva de manera práctica. Vamos a ver cómo es un día cuando educamos de manera tradicional (como se ha hecho toda la vida y que hoy parece no funcionar tan bien) y cómo sería al hacerlo con la crianza respetuosa.

Recuerda que, para que algo funcione, sea útil y dure en el tiempo, necesita una base sólida, y sobre todo que hayamos hecho ese cambio de mirada, ese análisis en el que nos damos cuenta de que realmente no hay otra manera y que esta es la mejor para que nuestros hijos desarrollen habilidades valiosas para la vida y para que nosotros nos sintamos orgullosos del padre o la madre en que nos estamos convirtiendo.

Los principios de la disciplina positiva deben estar muy presentes para que desde ahí practiquemos; de lo contrario, se verá como manipulación y no como pertenencia y contribución. Y muy importante: valora cada pequeño logro que consigas, porque no va a ser lineal ni igual de intenso siempre. Puede que al principio todo empeore. A veces funciona así: antes de mejorar, todo va a empeorar, y es importante que estemos preparados para ello. Aunque también puede ser que veamos una mejora mágica, pero que esta no se mantenga en el tiempo. No desistas, recuerda que todo esto va a pasar, tus hijos crecerán y lo que quedará siempre es:

- Cómo les hiciste sentir.
- Cómo te sentiste tú al hacerlo.

Si estás listo, ¡empecemos el día con disciplina positiva!

Algunos gurús del desarrollo personal dicen que el día comienza la noche anterior. ¡Y no les falta razón! Un ritual muy bueno de crecimiento personal consiste en que, cuando nos vayamos a dormir por la noche, dediquemos unos minutos a pensar en las cosas por las que estamos agradecidos. Traer a nuestra mente los momentos buenos que ha tenido el día (que realmente son más de los que piensas) y dormirnos con esa sensación de agradecimiento.

Yo lo hacía con mis hijos. Algunas noches les decía: «¿Te imaginas que mañana despertaras con solo las cosas, personas y acciones por las que estabas agradecido? ¿Qué no querrías que te faltaran?». Si esta recomendación nos la llevamos a la disciplina positiva, será igualmente valiosa: nuestro día de hoy habrá empezado anoche cuando nos fuimos a dormir.

Comencemos entonces por lo que para muchos es el final y para otros el principio del nuevo día. **La manera en la que te acuestas es un indicador de cómo te irá el día siguiente.**

Tener una buena rutina de sueño implica:

- Irnos a la cama sin enfados, lloros, quejas, miedos o amenazas.
- No usar pantallas o dispositivos móviles, que sabemos alteran el sueño y dificultan el descanso. Es muy tentador eso de dejar que los niños se duerman en el sofá viendo dibujos porque nos ahorramos peleas, sin embargo, tener esto como costumbre solo nos traerá más conflictos a medio y largo plazo. ¡La de adultos que necesitan ruido blanco para conciliar el sueño! O niños que a los seis o siete años empiezan con miedos y manías y no pueden dormir solos.

- Hacerlo a una hora que facilite la conciliación del sueño y respete unas ocho horas de descanso tranquilo. Así pues, los niños no deben irse a dormir más allá de las nueve de la noche y los adultos más allá de las diez. Los expertos dicen que es más fácil tener un sueño reparador cuando nos acostamos sobre las diez y media.
- Preparar el terreno del sueño con luz tenue, voces calmadas, música de fondo o silencio tranquilo.
- Dejar todo preparado para la mañana: ropa lista, desayuno pensado, organización de casa...

Si dedicas unos quince minutos por la noche a asegurarte de que estas condiciones se cumplan, tu despertar será totalmente distinto. Afrontarás el inicio del día de otra manera, sin tanto estrés, sin tanta prisa.

LAS PRISAS

Ya lo dice el refrán, las prisas nunca son buenas.

Pero... ¿qué es la prisa? Si buscamos «prisa» en el diccionario, encontramos la siguiente definición: «Necesidad o deseo de ejecutar algo con urgencia». Y aquí está el quid de la cuestión. ¡Nuestros hijos pequeños no saben qué es la prisa, no son conscientes ni siquiera de en qué hora viven! Es más, cuando nos preguntan por qué tienen que ir deprisa y les contestamos, siguen sin comprender lo que les estamos explicando… La prisa pertenece a los adultos, en los niños está la urgencia, el «Lo quiero ya, mamá» y el «Venga, vamos», pero, en un 90 por ciento de los casos, esto se debe al ritmo de vida que llevamos y la sociedad en la que vivimos (todo ya, ahora, en este momento…).

Las prisas no nos ayudan a criar y educar a nuestros hijos; hoy día, de hecho, se interponen en el concepto de crianza respetuosa. Esto es así porque cuando tenemos prisa y urgencia educamos sin conexión, a corto plazo, pensando en acabar las cosas cuanto antes y sin mucha consciencia del resultado. Que salga como tenga que salir, pero que lo haga a tiempo.

El problema es que esas prisas, las de la mañana o las de la noche para ir a dormir, por ejemplo, son un arma de doble filo. Nosotros parecemos tener claro que tenemos prisa, que hay que llegar pronto al colegio, desayunar rápido, vestirse sin entretenerse, meterse en la cama y dormir cuanto antes, y nos enfocamos en conseguir esto a toda costa, sea como sea, caiga quien caiga en el camino, y, como ya sabemos, los que caen son nuestros hijos, porque se portan mal, lloran, se rebelan, pegan… Y, también, nosotros mismos, porque una vez que los hemos dejado en el cole o los hemos metido en la cama, nos invade la culpa y nos decimos: «Igual no era necesario hacerlo así, pero ¿cómo lo hago entonces?». Bien, sigue leyendo, que aquí te va un consejo o remedio para las prisas.

- Lo primero de todo es tener presente, como ya hemos visto en capítulos anteriores, que no somos cirujanos (no al menos con nuestros hijos), que no hay una urgencia de vida o muerte y que todo esto también pasará. Son etapas, épocas y momentos vitales. Y aunque ahora nos parecen eternos, me gusta tener muy presente la frase «Los días son largos, los años cortos» que decía mucho mi compañera de disciplina positiva Bei Muñoz (de ella aprendí mucho en mis inicios). La tenía tan presente cuando mis hijos eran pequeños que me hice un vinilo en casa y lo coloqué en la entrada. Qué importante es no olvidarnos de lo que supone el tiempo y su paso. El dicho «El tiempo todo lo cura» es cierto, siempre y cuando nosotros pongamos algo de nuestra parte también.

- En segundo lugar, debemos saber que de las prisas no nos vamos a librar porque vienen condicionadas de manera ajena a nosotros: trabajar dentro y fuera de casa, actividades extraescolares, tráfico, grandes distancias para llegar a los sitios, horarios extensos... A no ser que huyamos del mundanal ruido y nos refugiemos en una zona aislada y recóndita del planeta. Pero, seamos honestos, no te veo haciendo las maletas, ¿verdad?

Entonces, sabiendo esto, ¿cómo podemos gestionar mejor esos momentos de prisas matutinas , o las que nos entran por la noche cuando queremos que se vayan a dormir, cuando tenemos que llevarlos al médico, o cuando tenemos una cena o una reunión y hay que, por ejemplo, dejarlos con los abuelos?

Aquí te dejo unos consejos:

- Confecciona una tabla determinando los pasos de cada rutina de manera conjunta con tus hijos, como vimos en el capítulo «Algunas herramientas prácticas de la disciplina positiva» (si aun así no lo consigues, tienes más información en mi web infanciaenpositivo.com). Esta tabla debe recoger en apenas cinco o seis imágenes los pasos que han de dar para, por ejemplo, prepararse para ir al cole por las mañanas:
  - Levantarnos y desayunar.
  - Hacer la cama.
  - Lavarnos los dientes.
  - Vestirnos.
  - Preparar la mochila del cole y el desayuno de media mañana.
  - Abrigo y zapatillas y al cole.
- Acuerda con tus hijos cómo quieren despertarse por la mañana. Si se quejan cuando los despiertas, busca la manera de que tengan un despertador que los avise llegada la hora. (Así los vamos preparando para la adolescencia y dejamos de tener ese título de madre despertadora o padre despertador).

  Por ejemplo: Paula tenía ocho años y los despertares por la mañana eran una tortura para su madre, cada vez que llegaba la hora de levantarse, remoloneaba, se hacía la sorda y a veces se despertaba quejándose, enfadada y molesta con su madre. Hasta que un día a esta se le ocurrió hacerle un regalo sorpresa: un despertador. Era muy bonito, con una luz led que iluminaba el cuarto, música y lo mejor: por la mañana la despertaba con un sonido agradable, y la madre de Paula ya solo tenía que entrar en la habitación, subir un poco las persianas y darle los buenos días.

• Por supuesto, nunca usaremos afirmaciones del tipo: «Eres un perezoso», «Sabía que no podía confiar en ti», «Esta noche no habrá cuento», «Si no te levantas, no verás hoy los dibujos»... Todos estos reproches no ayudan a encontrar la solución, solo consiguen que nuestro hijo se sienta peor y además asuma que «es así» y no cambie nada. Excepto tu humor, que cada día irá a peor. Solo harás que algo que es puramente evolutivo se cronifique y además afecte a otras esferas de vuestra vida.

Sustituye las frases como «Venga, arriba, que ya te lo he dicho tres veces», «Sal de la cama ya que vas a hacer que lleguemos todos tarde», «Es que contigo no se puede, mira que eres lento para todo», por otras más respetuosas y que dan mejores resultados, como: «Cariño, es hora de ir al cole, que a gustito se está en la camita, ¿verdad?, hazme hueco y me tumbo un rato contigo», «Te dejo cinco minutitos más mientras voy preparando el desayuno. Hoy hay tostadas, ¿o prefieres solo fruta?».

- Si sabes que le cuesta despertarse, en lugar de entrar en lucha con él, déjale disfrutar de otros diez minutos ¿Cómo puedes hacerlo? Pues, por ejemplo, si tiene que levantarse a las ocho y le está costando mucho, prueba a despertarlo a las ocho menos cuarto. Tendrás quince minutos de margen.

- Evita hacer deducciones relacionadas con la salud antes de tiempo: «Cariño, ¿qué pasa que no te levantas? ¿Estás malo? ¿Te duele la cabeza?». Aunque te parezca increíble a veces somos los padres los que favorecemos los malos comportamientos de los hijos. Quizá no quieren defraudarnos o, tal vez, les pueda venir bien esto que has dicho para quedarse ese día en la cama... No te adelantes, si está malo o le pasa algo, te lo dirá. No dudes de su palabra nunca, pero sí averigua si hay una base real o es indicador de otra cosa.

- Establece unos límites de tiempo que sean realistas y se ajusten a las circunstancias. Nada de «Son ya las nueve y no llegamos» cuando aún son las ocho y media, los niños no son tontos y acaban viendo cómo exageramos y nos ponemos en lo peor. Por ejemplo:

    —Juan, vístete que son ya casi las nueve.

    —¿Qué hora es, mamá?

—Ya te lo he dicho, casi las nueve.

—No, pero la hora real.

—Pues las ocho y media.

—Ah, entonces no son las nueve.

Todo esto sin salir de la cama aún.

—Pues como si lo fueran, porque sigues ahí vagueando y al final nos darán las diez, y yo no puedo llegar tarde, que parece que te dan igual los demás.

- Transmítele la idea de que confías en que llegará a tiempo al colegio, recordándole otras veces que lo ha hecho y esperando a que esté listo. En lugar de usar «Si te vistes rápido...», dirás: «Cuando estés vestido podremos...». El «si» es un condicional que transmite duda y falta de confianza en que se vaya a realizar la tarea.

EL MOMENTO DEL DESAYUNO

No soy nutricionista ni puedo decirte qué es lo más indicado para un desayuno saludable y necesario para un desarrollo adecuado de tus hijos cuando están en periodo de crecimiento. Te hablo desde la experiencia, como una madre que antes fue niña y a la que le enseñaron que el desayuno era la comida más importante del día.... Pues bien, hoy, casi cincuenta años después, resulta que esto también es revisable, así que difícilmente puedo decirte qué es lo correcto con respecto al desayuno desde un punto de vista nutricional. Pero aquí viene mi visión como madre, psicóloga y educadora.

Lo primero que quiero decirte es que, como ya intuyo que sabrás, el momento del desayuno resulta fugaz y estresante en muchos hogares; sobre todo, si hablamos del que se produce a diario en época escolar. Desde luego parece un momento difícil del día. Los niños se levantan con sueño y pereza, pero los padres también, y esto deriva en mal humor, prisas, quejas y discusiones.

Hay niños que no tienen problema en despertarse, vestirse y desayunar. Tienen muy claras sus tareas y las realizan sin ninguna dificultad y sin llamar nuestra atención. Pero curiosamente hay otros para los que tareas tan simples como desayunar (comer, cenar) se convierten en toda una odisea. En algunos casos, si el niño es hijo único o sus hermanos son ya mayores, podremos lidiar con este reto de manera casi natural, sin necesitar ayuda. Y es que cuantos menos factores estresantes (un solo hijo frente a dos, tres, etcétera, o un hijo mayor que se organiza solo), más facilidad para llevar a cabo la rutina del día. Pero en muchas otras ocasiones ni el niño es hijo único ni sus hermanos son mayores, sino todo lo contrario. Así que no llegamos a tiempo de atenderlos a todos, en especial al que nos da problemas en el desayuno... ¡Pues bien empezamos la mañana!

Ese niño que está medio dormido y tira la leche.

El otro que no para quieto y tira la leche.

El que monea y monea y no desayuna.

El que se sujeta la cabeza con una mano y se podría quedar dormido desayunando.

El que aprovecha para contarte todo lo que soñó durante la noche o lo que tiene planificado hacer durante el nuevo día. Que no calla ni mientras come.

Y ahora piensa: ¿alguno de estos es el tuyo? También puede venirte a la cabeza cualquier otro que no esté incluido en los ejemplos.

Sea cual sea el niño «que te ha tocado», las recomendaciones son similares para todos ellos:

1. Tu hijo no debe sentir nunca que puede decidir el humor que vas a tener o la reacción que mostrarás ante su comportamiento. En el siguiente ejemplo te muestro a qué me refiero.

    Cuando nuestro hijo por la mañana nos dice: «Mamá, ¿qué hay de desayuno? No encuentro nada que me guste. Nunca compras las cosas que quiero. Pues ya no desayuno», nuestra reacción puede ser la de dejarnos llevar por la emoción y las palabras de nuestro hijo y acabar contestando: «Pero ¡qué dices! Si siempre compro lo que te gusta. ¿Cómo que nunca hay nada? Si no hay nada, es porque ya os lo habéis comido todo. Encima que siempre te compro lo que quieres, deja de dar vueltas y desayuna, que vamos a llegar tarde, ya me estás enfadando. Todos los días igual contigo».

En este caso, lo que hacemos es reaccionar en lugar de actuar. Y al hacerlo nos enganchamos y nos contagiamos de la emoción de nuestros hijos en ese momento. Pero si somos conscientes de lo que está pasando, no dejaremos que nuestro hijo decida el humor que vamos a tener: «Uy, parece que no encuentras nada de lo que te gusta esta mañana».

Esta otra manera de actuar no emite juicio, no ataca, así que nuestro hijo no necesitará defenderse. Puede que reaccione con enfado, es normal, tenía en la cabeza encontrar algo que le gustara para desayunar y, como no ha sido así, su humor ha cambiado. Pero el que tú te mantengas estable le mostrará que no hay lugar a lucha o discusión y la pelota está en su tejado, es libre de decidir qué hacer con lo que tiene a su disposición.

2. No lo obligues a desayunar. Como lo lees, a tu hijo no le va a pasar nada por ir al colegio sin desayunar y esperar a media mañana para comer algo. Sé que por tu cabeza pasan las mismas ideas que pasaban por la mía cuando mis hijos eran pequeños. Pero resulta que a veces nos mandamos pensamientos equivocados y los repetimos a fuego como si fueran una verdad absoluta:

   - «El desayuno es la comida más importante del día». En esto ni los nutricionistas se ponen de acuerdo.

- «Con hambre estará de mal humor». No es cierto, depende del niño, de lo que haya aprendido con respecto a la comida y de la gestión emocional.
- «No le irá bien en el colegio». Hay niños que rinden igual, aunque no desayunen, aguantan perfectamente hasta media mañana. ¡Y algunos incluso más! Y no comen nada hasta que vuelven a casa.
- «Enfermará». Aquí podemos volver a revisar lo que dicen muchos pediatras sobre la alimentación, el ayuno, los alimentos...
- «Al menos que se tome una galleta. Mejor algo no saludable que irse con el estómago vacío». Esta afirmación es de dudosa efectividad en cuanto a lo que salud física se refiere. Mejor nada que algo malo, ¿no crees?

3. Aprende a no contratacar las quejas, sino a responderlas reconociéndolas. A veces, cuando nuestros hijos se quejan, nos lo tomamos como un ataque personal y reaccionamos devolviendo ese supuesto ataque. ¡Qué diferente sería si reconociéramos esa emoción o necesidad sin hacerlos sentirse mal! «¿Qué necesitas que no tengas? ¿Qué te gustaría que hubiera para desayunar? ¿Qué se te ocurre que hagamos para el próximo día?».

4. Recuerda que para los niños «siempre» y «nunca» son dos de sus palabras favoritas. Ellos viven en un

mundo de extremos, de todo o nada, de blanco o negro. Un «quizá» para ellos es un «sí»... Los matices aún no los entienden, así que no te quedes anclado en esas palabras y no respondas. Entiéndelas como una forma de hablar, pero no significan nada más. Muéstrales con tu ejemplo la gama de matices y que entre el blanco y el negro también está el gris...

—En esta casa nunca hay nada bueno para desayunar. Siempre te digo que compres lo que me gusta y nunca lo haces

—Pero ¿cómo puedes decir eso, si siempre que voy al supermercado me acuerdo de lo que me pides?

Ningún niño se muere de hambre hoy por no desayunar, ni desatiende las clases, ni sufrire un daño irreparable en su desarrollo. Y sí, seguramente pienses: «¿Y si siempre se va sin desayunar?». Vuelve un poco más arriba para recordar que los matices son importantes. ¿Nunca desayuna? ¿Nunca? Revisa que en el fondo no estemos cayendo en la trampa de «Prefiero que coma mal a que no coma» o quizá estemos cediendo a sus intereses (inconscientes), que acaban por ser esclavos de caprichos sin sentido que no ayudan a nuestros hijos a desarrollar su autonomía y capacidad.

Aprovecho para explicar aquí más detenidamente a qué me refiero con caprichos.

Hay una creencia muy extendida de que los niños nos manipulan a su antojo, que lo que piden y piden sin cesar son tonterías, y que los adultos nunca debemos ceder ante ellos. Déjame decirte que esa generalización no solo es muy dañina, sino que no resulta del todo cierta.

Como vimos en apartados anteriores, en los seres humanos hay un funcionamiento concreto para el manejo de la información que se conoce como «lógica privada». Esto no es solo propio de los niños, también los adultos la aplicamos, y determina la manera en la que nos movemos por el mundo.

Sin embargo, en el caso de los niños, debido a su falta de experiencia, madurez y práctica, su lógica privada suele ser errónea y los lleva a realizar conductas y comportamientos equivocados. Esto es enfadarse, llorar, pegar o gritar porque quería el juguete de la tienda y no se lo compramos. El niño dirá que lo necesita, que ese precisamente es el que quería desde hace mucho tiempo, que si se lo compras no te volverá a pedir nada más, que si no lo haces le romperás el corazón... Pues bien, ceder ante eso sería dejarte llevar por un capricho inconsciente. El niño saca todas sus armas para conseguir su fin último (el juguete), porque, de alguna forma, en algún momento, interpretó que, si insistía mucho o decía esas palabras, podría conseguir lo que quería.

Sin embargo, nos toca a los adultos poner en práctica todo lo visto hasta el momento y ser capaces de entender que:

1. No nos quiere manipular (en el sentido adulto).
2. No está buscando salirse con la suya (en el sentido adulto).
3. No es un niño caprichoso y consentido (en el sentido adulto).

Lo que sí significa es que es un niño que tiene unas necesidades no cubiertas, que no son determinantes para su supervivencia y que va a necesitar de la presencia de un adulto calmado que modele aquello que le quiere transmitir. «Cariño, sé que quieres ese juguete. Seguramente te haga mucha ilusión tenerlo. Es muy bonito. Tenemos que ver la manera de que lo puedas conseguir si tanto lo deseas. Ahora nos vamos a ir a casa y me vas contando qué planes tienes para conseguirlo. Dime, este juguete es parecido a... y tiene esto como..., y te gustaría para jugar con él en...». Y, mientras, nos vamos de la mano o con nuestro hijo en brazos. De este modo conseguimos:

1. Conexión (me doy cuenta).
2. Validar (le muestro que lo entiendo).
3. Distraer y redirigir (le recuerdo otras cosas que tiene o le gustan).

VESTIRSE Y ATARSE
LOS CORDONES

Vestirse, atarse los cordones, ponerse los calcetines, el abrigo, preparar la mochila del colegio, hacer su cama... Hay infinidad de cosas que podemos incluir en este apartado para abordarlas desde la disciplina positiva. Y aunque aparentemente son distintas, todas nos llevan a la misma conclusión:

Permitir que los niños hagan por sí mismos todo aquello que ya sepan hacer y enseñarles a desarrollar las habilidades necesarias para sentirse capaces y valiosos.

No hay nada más dañino para la autoestima de un niño (o de una persona en general) que sentirse incapaz y no poder contribuir. En otras palabras, y como hemos dicho en páginas anteriores, los niños necesitan experimentar la sensación de pertenencia y contribuir.

Juan tiene siete años y todas las mañanas es la misma historia: no quiere ir al cole, cuesta sacarlo de la cama, que se vista y que desayune, y esto ocurre desde que era muy pequeño. Para colmo, tiene dos hermanos más, uno de nueve y otro pequeño de cuatro. Su madre está desbordada; por un lado, necesita conseguir que Juan coopere, se vista a tiempo y quiera salir de casa sin montar un número y, por otro, tiene que vestir al pequeñín, ¡que misteriosamente es más cooperador que Juan, suerte para ella! Pero luego está el mayor, que no quiere llegar tarde al colegio y por culpa de Juan, siempre lo hace, por lo que la manía que le está cogiendo y la mala relación que se palpa en el ambiente no ayudan.

No sé cuál será tu situación actual, pero seguro que con esta historia (basada en hechos reales) entenderás a qué me refiero cuando hablo del reto de llegar al cole. Por otro lado, estoy convencida de que es algo que se podría solucionar si los horarios fueran más acordes con las necesidades fisiológicas de los niños y una mejor conciliación laboral, pero, bueno, eso es otra historia que se escapa de nuestro alcance, y ya sabes, «Lo que no puedas controlar, debes dejarlo marchar».

¿Cómo podemos entonces, desde la disciplina positiva, lidiar con el desafío de llegar pronto al cole y, lo que es más difícil aún, hacerlo con una sonrisa!? Te cuento.

A estas alturas del libro ya sabes que las mañanas se planifican la noche anterior. Tenemos que prevenir antes que lamentar, y eso pasa por tener unas buenas rutinas previas:

- Dejar la ropa que van a ponerse elegida y preparada la noche anterior.
- Si por la mañana eligen otra cosa, relativizar, no hacer un drama. Piensa por un segundo: ¿es tan importante que lleve esa ropa? ¿O que sea la que tú quieres que lleve? ¿Qué es lo peor que puede pasar si se quiere poner otra cosa? ¿A quién le molesta realmente lo que está pasando? ¿Qué está aprendiendo nuestro hijo en esta situación? Quizá me digas:

- «Es que tiene que llevar uniforme e insiste en ponerse otra cosa. Vale, en este caso, revisemos si esto está ocurriendo cada día, si es algo que sucede de manera puntual o si puede haber algún otro motivo detrás (por ejemplo, que le moleste el tejido del uniforme).

- «Es que quiere ponerse unas sandalias en pleno invierno. Bien, aquí el problema es no darnos cuenta de guardar a buen recaudo esas prendas a las que no les corresponde estar en el armario por temporada. Y presuponer que mi hijo de menos de diez años puede razonar a las nueve menos diez de la mañana que esa prenda es de verano y que va a coger frío. Una batalla que nos ahorramos con el simple hecho de quitarlas de la vista.

- «Es que acordamos que se pondría una cosa y ahora quiere otra». Bueno, tiene la capacidad de tomar decisiones, no pasa nada, déjale que se ponga esa otra prenda y que guarde la que no se va a poner. Si no le da tiempo a guardarla por la mañana, no hay problema, cuando vuelva del colegio, lo podréis hacer juntos. ¿Tu miedo es que no cumpla los acuerdos o que sea una persona flexible y se adapte a las circunstancias sin rigidez? Porque a veces lo que hay detrás de estas luchas mañaneras es nuestra creencia errónea de que se sale con la suya y de que siempre tiene que ser lo

que él o ella quiere. Cuando nosotros no lucha-
mos, cuando no entramos al trapo, cuando simplemente ponemos unos límites (no tardar y luego
dejarlo ordenado), los niños aprenden el respeto,
las normas, la convivencia, la cooperación, el orden... y, sobre todo, cómo los deben tratar.

Voy a ponerte otro ejemplo que seguro que
te hace reflexionar sobre el papel que tomamos
en circunstancias como la que estamos viendo.
¿Cómo reaccionarías si tu amiga que ha venido
a quedarse unos días a dormir a casa por la noche te dijera que se va a poner una ropa y a la
mañana siguiente eligiera otra? ¿Le dirías que es
una caprichosa y que no es una forma adecuada
de comportarse? ¿La obligarías a ponerse lo que
eligió por la noche porque eso fue lo acordado?

- Recoger la cocina la noche anterior y poner lo del
  desayuno en la mesa.
- Levantarte unos quince minutos antes que tus hijos
  para poder despertarte sin prisas, prepararte tú y, si
  hace falta, desayunar tranquilamente.
- Despertarlos con tiempo para que sea un despertar
  progresivo y sin las urgencias de última hora. Si sabes que se les pegan las sábanas, adelanta la hora
  de dormir y los despertares unos minutos.
- Mientras sean pequeños, deja el tema de los cordones para practicarlo los fines de semana. Y los días

de diario opta por ropa cómoda y calzado con velcro que se abrocha fácil.

- Lo mismo con la ropa y las prendas de abrigo, escoge las que sean más fáciles de poner para ellos. Se sentirán más capaces y autónomos y con más ganas de colaborar porque no les invadirá la frustración.
- Elige una mochila sencilla para llevar lo esencial y que esté en un lugar previamente acordado a su alcance para que puedan cogerla antes de irse y dejarla colgada al llegar a casa.

IR AL COLE

Yo diría que el momento de ir al cole es uno de los más difíciles cuando tenemos niños, sobre todo cuando tenemos más de uno. Porque cuando tenemos un solo hijo, mejor o peor, podemos lidiar con ello, prestarle la ayuda y el tiempo que necesite, pero esto se va diluyendo a medida que la familia crece. De todas formas, creo que, pasados los cuatro hijos, deja de ser un problema por arte de magia. En cualquier caso, serán solo unos añitos, luego la dificultad estribará en ir al instituto, pero esto ya llegará, o quizá no... En cualquier caso, no adelantemos acontecimientos.

Cuando tenemos más de un hijo, lidiar con los tiempos de cada uno es todo un arte. Y a esas horas de la mañana lo que uno menos tiene es arte, y lo que más, prisa, y esto se traduce en enfado, desesperación y un sentimiento posterior de estar haciéndolo fatal. ¡La culpa! Esa compañera de viaje tan habitual en la maternidad...

Aquí las recomendaciones son similares a las del apartado anterior: planificar con tiempo y enfocarnos en soluciones, pero quiero añadir un aporte extra.

Hay niños que no disfrutan yendo al colegio, a los que los años de escuela les cuestan mucho. Algunos lo verbalizan abiertamente y dicen que no quieren ir, aunque desisten con rapidez porque se encuentran la respuesta de los padres de «Tienes que ir sí o sí», y el niño aprende que no tiene nada que hacer; pero el sentimiento no desaparece, aunque a los padres nos dé esa sensación porque ya no dice nada.

Y otros niños no quieren ir al colegio, pero nunca lo llegan a verbalizar tal cual, sino que lo somatizan o lo llevan a la conducta: se portan mal y llaman nuestra atención de manera equivocada.

En cualquiera de los dos casos, debemos observar si ha habido un cambio repentino, si puede haber ocurrido algo en el colegio o en el niño y que esté manifestándose con esa dificultad para ir a la escuela. Una vez descartado esto, podremos valorar si tiene que ver con su temperamento y naturaleza: más introvertido, reservado, inseguro, etcétera.

Me gustaría cerrar este capítulo trasmitiéndote algo de calma y tranquilidad. Para ningún padre es agradable lidiar con la falta de deseo de nuestros hijos de ir al colegio y, además, no pasa en todas las familias y a todos los hijos. Es curioso cómo me encuentro con padres que me dicen: «Pues a mi hijo le encanta ir al colegio, siempre pregunta si hoy hay cole, está deseando ir», frente a otros para los que la hora del cole es una batalla. Algunos niños ya se acuestan la noche anterior diciendo que no quieren ir al colegio al día siguiente, y hasta pasan mala noche. Otros directamente prefieren no salir de la cama. Te puedo asegurar que esto ocurre independientemente de la edad, por lo que me inclino a pensar que tiene más que ver con el temperamento, la personalidad o las experiencias vividas.

Es curioso que un hito tan importante en la vida de una persona tenga tan poquito reconocimiento o consideración. Te pongo un ejemplo. Si fuera tu primer día de trabajo, todos lo hemos tenido alguna vez, ¿cómo lo afrontarías? ¿Qué frases te ayudarían a llevarlo mejor? ¿Pedirías hacerlo solo o acompañado? ¿Te gustaría que te dijeran que entienden que estés nervioso o que te soltaran que no seas tonto y no le des más vueltas?

Seguramente, si para ti enfrentarte a las novedades no te produce miedo ni preocupación, esto que te digo te dejará indiferente. Pero si eres una persona a la que le cuestan los cambios, estarás más cerca de entenderme.

Sea como sea, los niños se enfrentan a muchos cambios en su vida que no eligen y lo menos que podemos hacer los adultos es empatizar con ellos.

¿Cómo? Pues, por ejemplo, diciéndole: «Cariño, veo que el momento de ir al cole te está costando, ¿qué puedo hacer para que te sea más llevadero? ¿Cómo podría ayudarte?».

Esto, por supuesto, no quiere decir que no vayamos a llevar al niño al colegio (bueno, o sí, dependerá de cada caso...), lo que sí significa es que podemos entender su dolor, su preocupación, su miedo y empatizar esas emociones. Lo uno no está reñido con lo otro.

Si tu hijo no quiere ir al colegio o lo pasa mal, recuerda conectar con él y validar su emoción. «Cariño, sé que es difícil para ti. Esto va a pasar y verás cómo poco a poco irá a mejor. Yo estaré aquí cuando salgas y haremos algo juntos, ¿qué te apetece hacer?».

LA VUELTA A CASA

Ese momento en el que vas a por ellos al colegio, con tu mejor sonrisa, deseando que te cuenten qué han hecho, esperando que quieran llegar a casa, merendar sin quejarse, bañarse sin rechistar, cenar lo que les pones e irse a la cama cuando les dices que ya es la hora... Todo tan bonito como irreal. Así son las cosas.

En la medida de lo posible, recógelos siempre del colegio y del instituto y mantente disponible para ellos: sus historias, sus aventuras, sus experiencias, sus gestos, sus miradas te darán muchas pistas sobre cómo están tus hijos en el colegio y sobre si todo marcha bien. En esos primeros minutos podemos averiguar muchas cosas observando su cara, fijándonos en si sale solo o con amigos, si estos se dirigen a él o lo ignoran, si sale feliz o cabizbajo, si te busca a la salida, si quiere o no contar qué tal le ha ido...

Muchos padres me dicen que sus hijos no cuentan nada al salir del colegio y que les cuesta mucho poder averiguar si está todo bien. No consiguen sacarles información más allá de un «Bien», «Mal», «No sé», «Lo normal». Para estos casos, te propongo varias cosas:

- **La primera, nada de interrogatorios: qué has comido, con quién has jugado, cómo te has portado...**

    Dudo de que ningún niño se sienta valioso respondiendo preguntas de este tipo. Imagina que quedas con una amiga para cenar y nada más verla y darle dos besos le dices: «¿Qué tal todo? ¿Qué tal en casa? ¿Te has enfadado con tu marido? ¿Y en el trabajo, todo bien? ¿Estás haciendo bien tu trabajo? ¿Estás cumpliendo con tus horas?».

    Seguramente, tu intención sea buena: te interesas por lo que le pasa a tu amiga, pero así, desde fuera, parece más un interrogatorio con juicio y crítica que un interés genuino. Además, en cierto modo, es como si tuviéramos prisa y preguntáramos por quedar bien. Y esto los niños también lo notan. «¿Realmente a mamá le interesa lo que me pase? ¿Se va a tomar el tiempo de escucharme?». Porque muchas veces hacemos una pregunta y no damos tiempo a que nos la conteste, o cuando lo está haciendo, lo interrumpimos porque «Ya sé lo que me vas a decir», o «Eso te pasa por...», o «Lo que tienes que hacer es...». Ese momento de contacto con nuestro hijo deberíamos reservarlo en nuestra agenda como si fuera la cita de trabajo más importante que tenemos. Deberíamos prestar mucha atención a lo que nos tienen que contar sin mirar el reloj o el móvil y sin meterles prisa para que acaben cuanto antes. Si tus hijos son de los que no cuentan nada, prueba además lo siguiente.

- **Empieza contando algo tú.** A los niños les encanta saber de ti, de tu historia, de las cosas que haces en su ausencia. ¡¡¡Y si además ellos pueden serte de ayuda, imagina el subidón!!!

   «Hola, cariño, no sabes lo que me ha pasado hoy en el curro. Mira, te cuento, a ver qué habrías hecho tú en esta situación». Por supuesto, esto lo puedes adaptar a tus circunstancias si trabajas en casa o incluso puedes inventarte la escena o contar un hecho que le haya pasado a alguna amiga o conocido. Compartir con tus hijos tus propias vivencias es de las estrategias educativas más potentes que encontrarás: desarrollan la empatía, la resolución de problemas, la capacidad de hacer hipótesis, sacar conclusiones y valorar el trabajo de los demás, etcétera.

- **Practica el juego de contar tres cosas del día.**

   Dos deben haber pasado y una no habrá ocurrido todavía. Si es la primera vez que juegas a esto, empieza contando tres hechos y tu hijo tendrá que averiguar cuál de ellos es el falso. Luego será su turno.

Yo jugué con mis hijos a este juego hasta que fueron bien mayores, y te diría que puedes echarte unas buenas risas, mejorar la conexión y descubrir muchas cosas que, de otro modo, no percibirías. Las primeras veces intenta hacerte el tonto, déjate ganar. No se trata tanto de adivinar lo que es falso como de conseguir tener un ratito de conexión, que tu hijo te cuente cosas y darte cuenta de que todo está bien en el colegio y de que no hay nada de qué preocuparse. Cuando lleguéis a casa, te será de gran ayuda tener unas rutinas para la tarde: primero, nos quitamos los zapatos y los dejamos en la entrada, después nos lavamos las manos, merendamos... Aquí vale anticipar lo que esperamos de ellos si tenemos hijos a los que les cuesta recordar esas rutinas.

«Cariño, ¿qué había que hacer cuando llegáramos a casa antes de jugar con tus coches?».

De esta forma, te estarás enfocando en las soluciones y, en lugar de sentir que te pasas el día dando órdenes, serás una buena madre o padre ayudando a su hijo a tomar las decisiones adecuadas.

Si no vas a buscarlos al cole, pero los recibes en casa, igualmente puedes incorporar el hábito de ofrecerles una calurosa bienvenida en la que, en vez de torpedearlos con preguntas («¿Qué tal el cole? ¿Qué habéis hecho hoy? ¿Con quién has jugado? ¿Qué has comido? ¿Te has portado bien?»), les expliques, por ejemplo, tu día. Observa sus expresiones faciales, sus gestos, reconoce sus sentimientos: «Tienes cara de haber tenido un gran día», «Me parece que lo has pasado muy bien».

Y si por alguna casualidad no vas a estar cuando tus hijos lleguen a casa, déjales una nota. No imaginas el poder tan grande que esto tiene en la relación y la conexión con tus hijos. Quizá recibas una de vuelta que te permita darte cuenta de cómo están yendo las cosas hasta ese momento. Pero a la vez los harás sentirse menos solos al llegar a una casa en la que no hay nadie o en la que no estás tú.

Estas apreciaciones, tanto escritas como habladas o visuales, mostrarán a tus hijos la empatía, la escucha, la dedicación, el interés...; todo aquello que cualquier persona espera recibir al llegar a casa, ¿verdad?

LA HORA DEL BAÑO

«Mamá, no me quiero bañar».

«Hoy sin pelo».

«Mamá, no quiero salir de la ducha».

En este apartado quiero compartir contigo posibles estrategias para que la hora del baño no sea una lucha más y te cueste la vida, para que vayan a la ducha y luego quieran salir. Porque si tienes hijos pequeños, aunque ya te adelanto que con adolescentes es similar, la queja se produce antes de entrar al baño. Nunca quieren, no les viene bien, intentan librarse y no hacernos caso, pero una vez que empiezan, vuelta a empezar, pero esta vez porque no quieren salir. En el caso de los adolescentes, es similar; ellos nunca necesitan ducharse, no sudan, no huelen, no están sucios, pero cuando entran, prepárate para oír cómo el agua corre por el desagüe y parece no tener fin. Seguramente, esto se les pase cuando se independicen y vivan en su propia casa y formen su nueva familia. Sí, ya sé que no es algo muy esperanzador cuando nuestros hijos tienen dos, tres o cuatro años y nos parece muy lejana esa emancipación del hogar.

Bien, vamos a ver algunos trucos que podemos implementar desde la disciplina positiva para que esto sea más llevadero.

1. Hemos visto la opción de crear rutinas, si ahí tenemos establecidos los días de ducha, baño con o sin pelo, ducha militar, etcétera, los niños los irán asociando a la higiene y habrá menos resistencias. Recuerda que las rutinas son nuestras aliadas y no somos esclavos de ellas.

2. Decide qué días se bañarán y cuáles no, y déjalo anotado en un lugar visible y entendible para tus hi-

jos (con dibujos, con fotos de ellos bañándose...). Cuando toque baño, recuérdales con cariño qué día es, qué hay que hacer luego, etcétera. Anticipar lo que va a ocurrir les dará confianza y seguridad, y a ti también, puesto que no tendrás que estresarte por cómo hacer la transición de la actividad anterior a la del baño.

3. Cuando sea el momento, ponte a su altura y con firmeza amable diles que es la hora de ir a la bañera. Aquí puedes utilizar otra herramienta de disciplina positiva muy útil en la infancia (recuerda que tienes cincuenta y dos en formato tarjeta en la web infanciaenpositivo.com). Esta herramienta se llama opciones limitadas. Te pongo un ejemplo y te explico más a continuación: «Cariño, es la hora del baño. ¿Te apetece bañarte con el coche de Rayo o con el barquito de agua?».

Recuerda: la clave de las opciones es que sean limitadas. Muchos de los errores que cometemos los padres es dejar las alternativas en abierto. «Hijo, entonces ¿qué quieres cenar?». A lo que el niño responde: «Lasaña». Y tú le dices: «No, lasaña no, que no tenemos», y el niño comienza a llorar porque ya se había imaginado a sí mismo comiendo la lasaña. Es más efectivo dar a elegir entre dos opciones limitadas: «Para cenar hay huevo, ¿lo quieres en tortilla o frito?». Así mostramos que comer huevo no es negociable, pero que sí puede elegir la forma en la que comerlo. Por cierto, con niños más mayores podemos dar también estas dos opciones:

—Mamá, eso no me gusta.

—Vale, hijo, lo entiendo, tienes dos opciones o comerte lo que te he puesto o pasar hambre. Tú eliges.

Te puedo asegurar que con los más mayores funciona y es efectivo (esto, claro, si está en consonancia con tu estilo, le pones humor y muuucho cariño).

4. En la medida de lo posible y mientras tus hijos sean pequeños, utiliza el momento del baño para conectar con ellos. Haz que se pare el tiempo y disfruta de ese ratito. Te aseguro que es de las cosas que más rápido pasan porque en unos años ya no habrá masajes infantiles, ni cremita de bebé, ni envolverles en la capa, ni sacarlos de la bañera..., así que saborea estos momentos, pues pronto se convertirán en unos bonitos recuerdos.

¡Y por supuesto no olvides ser flexible! Hoy día, los niños no se ensucian tanto como para necesitar el baño diario a toda costa, incluidas esas tardes en las que está la suegra en casa (ya leíste el apartado de las rutinas ☺).

LA HORA DE LA CENA

Este sería muy similar al del momento del desayuno, solo que aquí nos pilla más cansados (sí, como lo oyes, una madre aún puede estar más cansada), sin energía y sin ganas de ponerle humor a la cosa, de relativizar o de aplicar la disciplina positiva. A esas horas nuestro cerebro entra en modo hibernación y lo que nos pide es que los niños acaben de cenar cuanto antes, que no den mucha guerra y que se vayan prontito a la cama. El tema aquí es que justamente esta rutina precede a la de irse a la cama, y a veces cuando la cena no va bien, se tuerce todo.

No hace falta decir que por la noche nada de pantallas, y menos cenando (es más, si tienes hijos de menos de seis años, te recomiendo, como lo hacen todos los expertos, que no formen parte del día a día de tus hijos). **Las pantallas interfieren en el sueño, la alimentación y el descanso. Nos pueden dar la falsa idea de hacernos la vida más fácil**: come más mientras está entretenido con los dibujos porque yo le voy dando de comer y abre la boca sin más; se queda dormido en el salón viendo los dibujos y ya solo tengo que cogerlo en brazos para llevarlo a la cama. Aún no hay mucha evidencia científica al respecto, pero lo poquito (o mucho) que ya se ha investigado sobre el efecto de las pantallas a temprana edad no deja lugar a dudas: no beneficia su desarrollo.

En cualquier caso, y una vez eliminada de la ecuación el uso de tecnología en el cierre del día, vamos a remarcar que

la cena es un momento que tiene que ser tranquilo, ligero, sin grandes temas complejos, que sirva para reconectar al final de día y como transición entre las agitadas demandas del mundo exterior y las necesidades de la infancia y tu familia.

Aprovecha ese tiempo para tener una conversación agradable; en muchos hogares es la única oportunidad del día para coincidir todos los miembros de la familia. Aprovecha para poner el énfasis en el encuentro y no tanto en la comida. Si cena poco o no cena, no debe preocuparte mientras se esté desarrollando bien, se encuentre activo durante el día, no se enferme... Recuerda que tenemos la suerte de vivir en un país desarrollado en el que los niños no mueren de hambre y que es mejor irse a dormir ligeros que con el estómago demasiado lleno. Si tus hijos son de los de cenar poco para al ratito pedir de nuevo comida, tendrás que empezar a introducir cambios de forma progresiva. Los niños notan cuándo estamos dudando y en qué ocasiones pueden insistir para conseguir lo que quieren (no lo hacen con maldad, simplemente sacan conclusiones y asocian los hechos). No pasa nada porque tu hijo cene poco o no cene, al día siguiente se levantará con hambre y desayunará más. Quizá te preocupe que a mitad de la noche se despierte con hambre, pero ese miedo lo vas a tener tanto si cena como si no, porque no son reglas matemáticas. Pasa lo mismo que cuando los tenemos todo el día fuera esperando que se cansen para que, al llegar a casa, caigan en la cama rendidos. Sin embargo, a veces nos asombramos de cómo es posible que estén más activos con todo lo que jugaron, corrieron o saltaron. Esto te da la pista de que los niños no son máquinas, que no hay dos niños iguales ni fórmulas matemáticas que puedan ayudarte, así que, al final, lo más seguro y lo que más estabilidad va a darles es cómo tú afrontes los sucesos que lleguen.

¿Te has dado cuenta de que la hora de la cena se convierte muchas veces en un encierro policial?

«Cómételo todo».

«No monees».

«Deja de hacer el tonto».

«Siéntate bien».

«Con la comida no se juega».

«Estoy enfadándome».

Y un largo etcétera.

IRSE A DORMIR

Este es el momento en el que solo queremos que sean felices, que cierren los ojitos con cara de haber tenido un gran día, nos den un beso de buenas noches y se duerman sin más. ¿Y lo bien que suena acabar así, con la sensación de haberlo hecho bien? De que mereció la pena tanto esfuerzo, tanto sufrimiento, tanta dedicación...

Pero no, casi nunca ocurre de este modo. ¡Lo que de verdad suele suceder es que se activan! Y uno se pregunta si estarán echando algo en el ambiente que hace que nuestros hijos se espabilen, porque diez minutos antes estaban que no podían más y parecía que fueran a dormirse sobre el plato. A veces pensamos si no será lo que cenaron. «Quizá el lomo los activa», pensamos, buscando desesperadamente una explicación que nos ayude a entender qué es lo que pasa. «Aunque luego no cambie nada, pero al menos lo entiendo». En ocasiones, cuanto más buscamos una explicación, más nos alejamos del motivo real. ¿Puede ser que tus hijos apenas pasaran hoy tiempo contigo? De alguna manera te están diciendo: «Aún no me quiero dormir porque no deseo que se acabe el tiempo de estar con mamá o con papá».

Quizá lo que ocurre es que pasaron todo el día fuera y apenas pudieron disfrutar de la libertad de estar en su hogar, sin actividades dirigidas, simplemente jugando con su imaginación.

Cuando llegue la noche, haz memoria de cómo fue su día y tendrás la pista de cómo afrontarán el momento de irse a dormir. Recuerda que para esto las rutinas te pueden ayudar, pero si no hay otras herramientas presentes como la conexión o el tiempo especial, te será muy difícil hacer que se cumplan porque no será un problema de rutina, sino de pertenencia y contribución.

No obstante, te dejo unos trucos que te pueden ayudar a hacer más llevadero este momento:

- Calcula un tiempo extra para que tus hijos se duerman. Es decir, si quieres que a las ocho y media estén dormidos, comienza con la rutina de sueño a las ocho.

- No tengas prisa. Si tienes que hacer algo urgente, hazlo antes. Planifícate si puedes con tu pareja o pide ayuda para poder acompañarlos o que alguien lo haga por ti.

- El momento antes de ir a la cama debe ser tranquilo. Nada de temas que puedan alterarlos o discusiones (ni con los niños ni con tu pareja). Pon música relajante, baja las luces, usa una voz suave, elige un cuento... y a dormir.

- Convierte la hora de dormir en un momento de paz. Para ello te animo a incorporar con tus hijos el hábito de que antes de hacerlo piensen en las cinco cosas por las que están agradecidos. La calma y la gratitud los ayudará a afrontar la noche confiados y seguros y a empezar el día siguiente con buen pie.

- No hay nada peor que querer que un niño se duerma porque tenemos prisa o porque tenemos que hacer otra cosa después.

Y es que los niños tienen ese sensor especial con el que notan nuestra urgencia. ¿No te ha pasado que habías quedado con unos amigos para cenar o tenías un plan de cine o teatro y, justo cuando quieres que tus hijos se duerman antes, sin más, te piden una y otra vez cosas y retasan lo máximo posible que te puedas ir? Hasta el punto de que muchas veces te preguntas:

«¿Es que lo huelen? ¿Notarán que me quiero ir?». Pues seguramente sí. Vivimos inmersos en la prisa, en querer las cosas ya, y ahora, y no solo no sabemos esperar, sino que buscamos acelerar procesos. Nuestros hijos son víctimas de este ritmo de vida del todo ya, «niños Amazon» los podríamos llamar.

Y es que... ¿qué adulto va ahora a la librería de barrio para encargar un libro que le tardará días o semanas en llegar? No lo hacemos. Lo buscamos directamente en la web y lo encargamos. Porque nos llega ese mismo día o el siguiente. Incluso en festivo. ¿Lo peor de todo? Cuando nuestras prisas se ven reflejadas en los niños y, en lugar de situarlas en donde corresponde, proyectamos y decimos eso de «Estos niños de hoy lo quieren todo ya».

¿Alguna vez te has preguntado quién inventó las empresas de comida rápida? ¿Y el videoclub en casa? ¿Y los pedidos online? Y así un largo etcétera.

Si has llegado hasta aquí, sin más dilación..., ¡a dormir! A soñar con los angelitos y a recordar que **esto también pasará y que lo que realmente quedará es cómo los hiciste sentir.**

Te deseo buenas noches y sobre todo una feliz maternidad o paternidad. Cuando quieras darte cuenta, todo esto habrá pasado y echarás de menos esas noches en las que besabas sus mejillas o sus naricillas y los veías dormir sin dolor, sin preocupación, sin tensión, sabiendo que tenían toda la vida por delante y que la infancia era el momento de construir grandes recuerdos que los acompañarían el resto de sus días, aunque aparentemente no fueran conscientes de ello.

DIECIOCHO
RECOMENDACIONES
finales

No quería terminar este libro sin dejarte un pequeño resumen de qué es la disciplina positiva desde su parte más práctica y cómo puede ayudarte en la crianza de tus hijos.

1.

¿Recuerdas por qué decidiste ser padre o madre? ¿Cuál es el fin último de la maternidad/paternidad? Seguramente me digas que tu mayor deseo es que tus hijos sean felices, responsables, comprensivos, comprometidos, con valores...

¿Y cómo podemos los adultos conseguir algo así de un niño cuando muchos de nosotros ni siquiera logramos ser así? Pues reconociendo que educar es un proceso arduo en el que nuestras conductas no deben perjudicarlos emocionalmente y que un método no puede estar por encima de una necesidad real, y nuestro esfuerzo y dedicación serán clave para ello.

2.

Nuestras palabras deben transmitir cariño y amor incondicional. Seremos los que llevemos la voz cantante, los que tengamos la última palabra, pero sin añadir resentimiento, culpa, rabia, dolor o hacerlos sentirse inferiores o perder la confianza en ellos mismos.

3.

Es nuestra responsabilidad aprender a usar un lenguaje de conexión, cercanía, aceptación, así como también desechar el rechazo, la ira, el desprecio. Si somos adultos heridos, tendremos primero que sanar nuestro dolor.

4.

Muchas personas confunden la amabilidad de la disciplina positiva, de las buenas palabras, con la permisividad, olvidando que podemos desarrollar nuestra función paterna sin hacer daño a nuestros hijos. Ya lo decía Jane Nelsen: «¿De dónde hemos sacado la loca idea de que para que un niño se porte bien primero hay que hacerlo sentir mal?».

5.

Debemos permitir los sentimientos y las emociones de nuestros hijos, estos son lícitos y genuinos. ¿Quiénes somos nosotros para decirle a un niño «Eso no es para tanto, no te puede doler, no es nada...» cuando quien lo está viviendo es él?

6.

Ni los niños ni los adultos pueden controlar lo que sienten. Las emociones son descargas químicas que suceden en cuestión de segundos o milisegundos. Los niños no pueden escoger cómo se sienten, pero sí deciden qué hacer con eso que sienten. Al igual que los adultos. Es lícito que te enfade que tus hijos no quieran irse a la cama cuando ya estás muy cansado, es normal que te aburra tirarte al suelo para jugar a las cocinitas, que te produzca pereza llevarlo al parque todos los días; la emoción que te provoquen estas situaciones no podrás elegirla, pero sí eres responsable de la manera en que vas a expresar lo que sientes. Y cómo y cuándo lo expresas.

7.

Si te sientes superado por lo que tus hijos hacen, te tocará aprender habilidades de comunicación y relacionales, y sobre todo definir muy claramente qué esperas de ellos, porque a veces ni siquiera les mostramos bien qué es para nosotros una conducta aceptable. Cuando los límites están claros, los niños saben a qué atenerse y nosotros, como padres, nos damos cuenta de que es más fácil poner normas y restricciones que establecer límites y hacer que se cumplan.

8.

El tiempo que no inviertas en formarte e informarte será tiempo que tus hijos tendrán que sacar de algún lado en su vida adulta para entender por qué su infancia transcurrió de esa manera y les dejó esas huellas.

9.

Ser padre o madre no es un camino fácil ni rápido. Es cierto que la infancia como tal tiene fecha de caducidad, que tienes pocos años para educar, pero no para conectar, para sanar tus heridas y para ser el padre/madre que siempre quisiste ser o tener.

10.

Los niños no vienen con manual de instrucciones, los libros nos ayudan a entender la infancia y a conocer lo que podemos esperar según la etapa evolutiva de nuestro hijo, pero, y esto es importante: nunca dejes de lado tu intuición. Como madre o padre, tienes la capacidad de ver lo que necesita. Lo que le está pasando. Quizá no sepas ponerle nombre o los detalles, pero si estás educando con presencia, sabrás que hay algo que requiere un mayor detenimiento y, en muchos casos, ayuda.

11.

Asimismo, no olvides que, aunque la disciplina positiva es el paraguas bajo el que podemos resguardarnos, no todo se soluciona desde ella. Esta filosofía de vida te permitirá cambiar tu mirada, conocer el mundo del niño y conectar con sus necesidades. Pero no todo podrá ser resuelto o intervenido desde esta disciplina.

12.

Y esto me lleva a otra recomendación: no fuerces las soluciones ni con tus hijos ni con tu pareja. Cuando aplicamos la disciplina positiva en casa o en el aula, observamos que los periodos de calma son más prolongados, las luchas disminuyen porque los niños han desarrollado el sentido de pertenencia y los adultos no tienen el rol de imponer orden y disciplina. Sin embargo, en muchas ocasiones, desde la emoción, desde el deseo de que todo sea perfecto, forzamos las cosas y perdemos el foco.

13.

¿Qué hacer si tu pareja no educa en positivo? No lo fuerces, no insistas. Estoy segura de que la poca energía que tengas la querrás invertir en ti, en que las cosas salgan bien. No te preocupes si tu pareja, tus padres o tus hermanos no comparten tu manera de educar. Cada uno tiene su momento. Y puedo afirmar que cuando los que nos rodean ven los cambios (que tu estás más tranquilo, que empiezas a disfrutar y que tu relación con tus hijos mejora...), querrán conocer más sobre ello y comenzarán a preguntar o a cambiar.

14.

Valida las emociones y percepciones de tu hijo. No las pongas en duda desde el principio. Da lugar a que las exprese y observa cuál es su creencia sobre ese hecho. Recuerda que reconocer no implica estar de acuerdo. Tómate en serio sus sentimientos para abrir un posible diálogo e intercambio de opiniones.

15.

Escucha hasta el final, no interrumpas. Escucha de forma empática, es decir, percibe los sentimientos que las palabras tratan de comunicar. No tengas miedo a lo que puedas oír, crea un clima de confianza en el que tu hijo sienta que puede hablar contigo de cualquier cosa, de lo contrario, aprenderá a decirte solo aquello que quieras oír.

16.

Sustituye las críticas por la opinión constructiva, oriéntalo y no lo desprecies o humilles.

Desprecio: «Menuda tontería estás diciendo». En lugar de esto, conecta primero y pide que te lo aclare:

«Esto que acabas de decirme no termino de entenderlo. ¿Podrías aclarármelo?».

Crítica: «A ver si empiezas a hacer las cosas con más cabeza». La crítica es algo que debilita mucho las relaciones, nos pone a la defensiva y en posición de ataque. ¿Qué quieres decir? ¿Te gustaría que cambiara? ¿Que las cosas mejoren? Dilo así: «Me gustaría que pudieras prestar más atención, sé que puedes hacer las cosas poniendo la cabeza en ello».

Humillar: «No eres tan listo como te crees». Es similar al sarcasmo. Intenta hacer daño. ¿Y realmente esto es lo que buscas? ¿Herir al otro? Si lo que quieres es que la relación mejore, nunca hay lugar para la humillación. Una persona no puede pensar y sentirse mal al mismo tiempo. A veces la humillación viene de un dolor no resuelto. Exprésalo así: «Me siento herido y no quiero lastimarte, ¿cómo podemos hablar de esto sin hacernos daño?».

17.

Pon el foco en la conducta en lugar de en la persona. No es tu hijo quien no vale, sino la decisión que ha tomado y la que lo ha llevado a realizar esa conducta la que habría que revisar.

18.

Concede en la fantasía aquello que no puedas hacer en la realidad. Que tus «noes» sean menos severos e intimidatorios. A nadie le gusta que le digan que no, así que, si tienes que hacerlo, que sea con cariño y comprensión. Quizá no puedas darle eso que pide, pero sí entenderlo y fantasear con cómo sería si lo tuviera. «Ay, cariño, ya sé cuánto deseas tener ese coche teledirigido. Me encantaría poder comprártelo y que echáramos carreras juntos. Estaría bien, ¿a que sí? Ahora mismo no puedo, pero lo tengo en cuenta».

¿Te atreverías a aplicar estos principios en pareja? Todo un reto, ¿verdad? Pues ya sabes, la disciplina positiva no se centra en la infancia, sino en las relaciones humanas y para esto no hay edad.

«Los niños son como la arcilla. Cualquier palabra que cae sobre ellos deja una huella».

Lema del método de comunicación
Faber & Mazlish

FRASES
en positivo

M e gustaría terminar este libro con algunas frases que puedan serte útiles en tu día a día. Recuerda que son solo sugerencias. Muchos padres en mis talleres y formaciones me dicen: «Ay, es que a mí no se me ocurren esas cosas, me viene muy bien que me las digas, y anotarlas».

Lo que pretendo con ellas es darte pistas de cómo podrías dirigirte a tus hijos, de cómo conectar primero, cómo alentarlos, cómo cambiar tu mirada hacia la infancia..., algo que en realidad ya has empezado a practicar a lo largo de todo este libro. Puedes imprimirte este listado o guardarte alguna de estas frases en tu móvil para irlas practicando a diario. No olvides hacerlas tuyas y disfrutar de tu maternidad/paternidad.

«Cariño, sé que quieres seguir… , pero ahora es momento de…».

«Eres pequeño todavía».

«Debes estar muy orgulloso de ti».

«No es fácil ser el hermano mayor».

«Entiendo que para ti es difícil».

«¿Cómo puedes decírmelo para que yo te entienda?».

«Sé que estás enfadado y no puedo permitir que me hagas daño o te lo hagas tú».

«¿Qué te ayudaría en este momento?».

«Necesito un abrazo, ven a dármelo cuando estés listo».

«Nunca voy a dejar de quererte».

«Te quiero tal como eres».   «Eres muy importante».

«No puedo obligarte y me gustaría contar con tu colaboración».

«Estoy de tu lado».   «¿Sabes cuánto te quiero?».

«¿Qué necesitas?».

«¿Cómo puedo ayudarte?».

Anexo

¿QUÉ ES EL TEMPERAMENTO?

Todos sabemos que no hay dos niños iguales y, sin embargo, muchas veces caemos en la tentación de hacer comparacio- nes o incluso de creer erróneamente que nuestro hijo debería ser perfecto: que debería obedecer sin rechistar, hacer sus deberes, ser solícito, atento, deportista, considerado... Y am- bas cosas suelen llevarnos a juzgarlo injustamente.

Según los expertos, los rasgos del temperamento son in- natos y forman parte de la estructura cerebral del niño. Habla- mos de nueve elementos del temperamento

- **Nivel de actividad.** Se refiere al nivel de actividad motora y la proporción de periodos activos o inacti- vos. Un niño «muy movido», que no para quieto» no es un niño malo que quiere cansar a sus padres..., sim- plemente está siendo la persona que es.

- **Ritmo o regularidad.** Se refiere a la previsibilidad de las funciones biológicas (hambre, sueño, etcétera). Comprender la regularidad puede ayudarnos a planificar el horario del niño y minimizar así los con- flictos.

- **Reacción inicial.** Su manera de reaccionar ante una situación nueva (alimentos, juguetes, personas...). Puede reaccionar con expresiones (llanto, palabras, gestos) o con actividad (salir corriendo, escupir el ali- mento).

- **Adaptabilidad.** Manera de reaccionar ante una situación nueva a lo largo del tiempo, capacidad de ajuste y de cambio.

- **Umbral de respuesta sensorial.** Se refiere al nivel de sensibilidad a estímulos sensoriales y que afecta a la manera de comportarse y ver el mundo. En algunos casos, el cerebro del niño puede presentar dificultades para integrar la información sensorial. El tiempo y la experiencia serán claves para conocer la sensibilidad de tu hijo.

- **Cualidad del humor.** Hay niños que encuentran inconvenientes en todo, que ven más el lado negativo de las cosas, mientras que otros reaccionan a la vida con placer.

- **Intensidad de la reacción.** Entender que los niños reaccionan con distinto grado de intensidad a los estímulos puede ayudarnos a gestionar sus comportamientos con más calma.

- **Facilidad de distracción.** Manera en la que los estímulos externos interfieren en el comportamiento del niño y su voluntad (o la falta de ella) para distraerse.

- **Persistencia y capacidad de atención.** Voluntad del niño de insistir en una actividad a pesar de los obstáculos o dificultades que tenga. Un niño con poca capacidad de atención y constancia no presenta necesariamente un TDAH.

La pregunta que nos hacemos es: si el temperamento, la determinación genética, es tan poderoso, ¿tenemos algún tipo de influencia los padres sobre los hijos? ¿Es importante lo que hagamos? La respuesta es sí. Aunque el niño herede cier-tos rasgos y tendencias a través de los genes, su desarrollo no está fijado y la interacción con los demás influirá en cómo será la persona en la que se va a convertir.

Comprender el temperamento puede servirnos (tanto a padres como a docentes) para fomentar la aceptación en lugar de crearse expectativas poco realistas. Todos los pa-dres debemos reconocer y aceptar la manera en la que el temperamento y los sueños de nuestros hijos difieren de los nuestros. Asimismo, debemos ser conscientes de que esto explica por qué unos métodos funcionan con unos niños y no con otros.

Por lo tanto, el cambio de actitudes, relaciones y compor-tamientos siempre es posible (aunque es cierto que va siendo más difícil a medida que nos hacemos mayores).

Recuerda: acepta al niño que te ha tocado para obtener su máximo potencial y, también, que tus sueños no tienen por qué ser los de tu hijo ni tu temperamento el de él. Anímalo a cumplir sus sueños, no los tuyos.

Escala: dimensiones e indicadores
de comportamiento según
el temperamento

El comportamiento de un niño está influenciado por:

- Su temperamento individual.
- Su desarrollo físico, cognitivo y emocional.
- Las decisiones que ha tomado con respecto a la
  búsqueda de pertenencia e importancia.

A continuación, siguiendo las propuestas de Jane Nelsen
en su libro *Disciplina positiva para preescolares*, se describen
las características que son útiles al considerar las diferencias
individuales en los niños. Cada niño va a recaer en algún punto entre los dos extremos que se describen en cada categoría.
Cuando se consideran en su conjunto, estas características
describen el temperamento completo de un niño.
(Pon un círculo en el punto que piensas que mejor representa a tu hijo).

NIVEL DE ACTIVIDAD

Tiene que ver con la actividad de tu hijo, tanto cuando esté despierto como dormido.

MUY ACTIVO
- Muy móvil, se entusiasma con todo.
- Se mueve y se distrae en la silla.
- Cuando duerme se mueve mucho.

POCO ACTIVO
- Menos activo, se queda donde lo dejan.
- Se queda sentado tranquilo en su silla.
- Duerme tranquilo.

LA RITMICIDAD

Tiene que ver con lo regular que haya sido la rutina de tu hijo en la actualidad y en el pasado.

IMPREDECIBLE
- Desde pequeño, fue difícil seguir las rutinas.
- La rutina varía cada día.
- Los padres nunca sabemos cuándo tendrá hambre o sueño.

PREDECIBLE
- Rutina fácil desde niño.
- La rutina no cambia de un día para otro.
- Come y duerme casi a la misma hora todos los días.

REACCIÓN INICIAL Y RETICENCIA ANTE NUEVAS SITUACIONES

Tiene que ver con la típica reacción del niño cuando está en una nueva situación.

NIVEL BAJO DE ACCESIBILIDAD
- En un nuevo lugar, se queda cerca a los padres.
- Es reacio a probar nuevas comidas; las rechaza de inmediato.
- Mira a su alrededor con cautela.

NIVEL ALTO DE ACCESIBILIDAD
- Acepta las nuevas situaciones con entusiasmo, juega y explora con facilidad.
- Acepta nueva comida con facilidad.

LA ADAPTABILIDAD A LOS CAMBIOS EN LA RUTINA

Describe cuánto tiempo le toma al niño ajustarse a una nueva situación o a los cambios.

MENOS ADAPTABLE
- Le resulta difícil consolidar dos siestas en una.
- Hace falta que interactúe con una persona varias veces para que se adapte a ella.

MUY ADAPTABLE
- Le resulta fácil consolidar dos siestas en una.
- Acepta a nueva gente con facilidad.

UMBRAL DE SENSIBILIDAD

Se refiere a la sensibilidad del niño en relación con el ambiente que lo rodea.

MUY SENSIBLE
- Tiene el sueño ligero, el ruido o el movimiento lo alteran.
- Reacciones negativas fuertes ante nueva comida que no le gusta (hace arcadas, la devuelve, hace caras).

MENOS SENSIBLE
- Duerme profundamente, el ruido moderado no lo molesta.
- Acepta casi toda la comida, aunque no sea su favorita.

EL CARÁCTER Y TENDENCIAS EMOCIONALES

Algunos niños encaran la vida principalmente con placer y de manera positiva, mientras que otros encuentran pegas a todo y a todos.

CARÁCTER POSITIVO
- Ríe y es generalmente muy alegre.
- Actitud positiva ante las tareas.

CARÁCTER SERIO
- Reacciona primero con el llanto, luego se da cuenta de qué va.
- Se pone a llorar si se frustra, pone resistencia a la hora de cumplir con las tareas que se le piden.

INTENSIDAD DE LAS REACCIONES

En términos generales, los niños tienen diferentes maneras de responder ante lo que sucede a su alrededor. Algunos simplemente sonríen o solo reaccionan con una mirada y luego vuelven a su actividad original, mientras que otros reaccionan con acción y emoción.

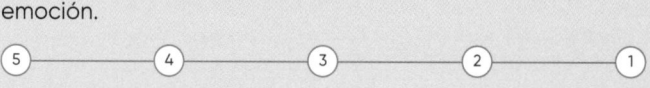

PERSONALIDAD INTENSA
- Reacciona con gritos ante una emoción positiva.
- Reacciona gritando cuando algo le parece injusto.

PERSONALIDAD TRANQUILA
- Puede que esté sorprendido, pero cuando le dan un golpe no reacciona.
- Cuando se le regaña, mira hacia abajo.

CAPACIDAD PARA DISTRAERSE

Tiene que ver con la manera en la que el estímulo externo interfiere en el comportamiento del niño y la facilidad con la que se le puede distraer o la dificultad para hacerlo.

5 ———— 4 ———— 3 ———— 2 ———— 1

NIVEL DE DISTRACCION BAJO
- Va a insistir en lo que quiere y no se dará por vencido hasta que lo consiga.
- Cuando los padres lo llaman, los ignora.

NIVEL DE DISTRACCION ALTO
- Deja de llorar enrabietado si se le distrae.
- Se distrae comiendo.

PERSEVERANCIA Y TIEMPO DE CONCENTRACIÓN

Tiene que ver con el tiempo durante el que el niño continúa realizando una actividad a pesar de que se le presenten obstáculos. El tiempo de concentración se refiere al tiempo en el que el niño se puede dedicar a alguna actividad sin interrupciones.

ALTO GRADO DE PERSEVERANCIA
- Se dedicará a un proyecto durante mucho tiempo.
- Le gustan los rompecabezas.

BAJO GRADO DE PERSEVERANCIA
- Si no entiende algo, lo deja a un lado con facilidad.
- Pide ayuda en poco tiempo.

Recuerda: los padres también tenemos temperamentos. Normalmente, una «buena correlación» indica que se acopla el temperamento de uno al otro. En los primeros años, el comportamiento de los niños está más relacionado con su desarrollo, por lo que no es adecuado hablar de «mal comportamiento». Por eso es tan importante enseñarles lo que esperamos que hagan en lugar de castigarlos por lo que han hecho.

Bibliografía

Aquilino, W. S., Supple, A. J., «Long-Term Effects of Parenting Practices During Adolescence on Well-Being Outcomes in Young Adulthood», *Journal of Family Issues*, 22 (2001), pp. 289-308.

Battistich, V., «Evaluación de la implementación del Proyecto de Desarrollo Infantil», ponencia presentada en la Reunión sobre la Investigación de Implementación en Modelos de Prevención y Promoción Escolares (tesis de maestría), The Pennsylvania State University, 1999.

— *et al.*, «Beyond the three R's: A broader agenda for school reform», *Elementary School Journal*, 99 (1999), pp. 415-431.

Browning, L., Davis, B., Resta, V., «What do you mean "think before I act"?: Conflict resolution with choices», *Journal of Research in Childhood Education*, 14(2) (2000), pp. 232-238.

Buss, A. H., Plomin, R., *Temperament: Eady developing personality traits,* Erlbaum, 1984.

Cohen, L., y Manion, L., *Propuestas de intervención en el aula. Técnicas para lo-grar un clima favorable en clase*, Narcea Ediciones, 1977.

Dreikurs, R., *Children: The Challenge*, Plume, 1991.

Esquivel, A (s.f.),, *Learning Through Positive Discipline and Intrinsic Motivation*, (te-sis de maestría), Southwest Texas State University. Faber, A., Mazlish, E., *Cómo hablar para que los hijos escuchen y cómo escuchar para que los hijos hablen*, Medici, 2013.

Ginott, H., *Entre padres e hijos*, Medici, 2005.

Goodson, I. F., Foote, M., «Testing times: A school case study», en J. Kincheloe (ed) *Encyclopaedia of School Standards*, Kluwer Academic Publishers, 2001.

Guerrero, R., *Educar en el vínculo*, Plataforma, 2020.

Izquierdo Martínez, A., «Temperamento, carácter, personalidad: Una aproxima-ción a su concepto e interacción», *Revista Complutense de Educación*, vol. 13, n.º 2 (2002), pp. 617-643.

Jiménez, D., *Infancia en positivo: guía definitiva para padres y madres en la edu-cación de sus hijos*, Toromítico, 2020.

— *Mamá, ¿por qué me porto mal?*, Penguin Kids, 2023.

Nelsen, J., *Disciplina positiva*, Ediciones Ruz, 2001.

— *Disciplina positiva para madres y padres de hoy*, Medici, 2022.

— *The Effectiveness of Adlerian Parent and Teacher Study Groups in Changing Child Maladaptive Behavior in a Positive Direction* (tesis de doctorado), Uni-versidad de San Francisco, 1979.

— *Disciplina positiva para preescolares: educar niños responsables, respetuosos y capaces*, Medici, 2014.

— y Garsia, A., *Herramientas de disciplina positiva para la crianza: 52 tarjetas para mejorar sus habilidades parentales*, D. Jiménez, 2018.

— y Lott, L., *Teaching Parenting the Positive Discipline Way*, 1981.

— y Lott, L., *Cómo educar con firmeza y cariño*, Medici, 2007.

Oberst, U., *El trastorno del niño consentido*, Milenio, 2010.

Platt, A., *Efficacy of class meetings in elementary schools. Research Supporting Positive Discipline* (tesis de maestría), Universidad de California, 1979.

Potter, S., *Positive Interaction Among Fifth -Grade Student Behavior: Is it a Possibility? The Effects of Classroom Meetings on Fifth -Grade Student Behavior* (tesis de maestría), Southwest Texas State University, 1999.

Resnick, M. D., Bearman, P. S., Blum, R. W., Bauman, K. E., Harris, K. M., Jones, J., Udry, R., «Protecting adolescents from harm: Findings from the National Longitudi-nal Study on adolescent health», *Journal of the American Medical Associa-tion*, 278(10) (1997), pp. 823-832.

Siegel, D., et al., *El cerebro del niño*, Alba, 2012.

— et al., *Disciplina sin lágrimas*, B de Bolsillo, 2018.

Traver, S., *Buenas noches en familia*, Grijalbo, 2023.